Ghassen Marouani & Bilel Abbassi

Électronique numérique

Connaissances et Savoirs

Cet ouvrage a été réalisé par les éditions
Connaissances et Savoirs
Immeuble Le Cargo, 157 boulevard Mac Donald – 75019 Paris
Tél. : 01 84 74 10 10 – Fax : 01 41 684 594
contact@connaissances-savoirs.com
www.connaissances-savoirs.com

Imprimé en France

Dépôt légal.

Chapitre 1 : Technologies des portes logiques

- **Prérequis :**
  - ✓ **Électronique générale**
  - ✓ **Mesures électriques**
  - ✓ **Système logique**
- **Objectifs :**
  - ✓ **Savoir les différentes TTL et CMOS**
  - ✓ **Connaitre les caractéristiques des technologies TTL et CMOS**
  - ✓ **Savoir l'architecture interne d'une porte logique**

Introduction :

Les circuits numériques sont subdivisés en familles technologiques. À chaque famille est associé un processus de fabrication qui recouvre un type de transistor (bipolaire, MOS), donc des paramètres électriques : tensions d'alimentations, niveaux logiques, courants échangés lors de l'association de plusieurs opérateurs, caractéristiques dynamiques comme les temps de propagation, les fréquences d'horloge maxima.

1. Les familles logiques TTL et CMOS :

1.1. La famille TTL :

Une famille historique s'il en est, apparue au milieu des années 1960, la famille TTL (Transistor Transistor Logic), construite autour de transistor bipolaire, est devenue un standard de fait. Les premières versions sont devenues complètement obsolètes. Les versions les plus fameuses de cette sous-famille on peut citer :

- **TTL standard** : elle correspond au principe de base de la technologie. Cette structure est peu rapide pour une consommation élevée.
- **TTL L (L pour Low power) (faible consommation) :** une structure identique à la TTL standard qui fait appel à des valeurs de résistances plus élevées. La consommation est évidemment réduite, mais le majeur inconvénient est le temps de propagation.
- **TTL S : Schottky TTL** : une version qui a apporté une amélioration dans le temps de la commutation des transistors.
- **TTL LS : Low power Schottky TTL** : pour régler le problème de la consommation de la technologie TTL S, on effectue un mixage avec le principe de la base consommation des TTL L. Le résultat est la technologie TTL LS qui joue sur les deux tableaux de la consommation et de la vitesse.
- **TTL F : Fast TTL** : dans le souci toujours marqué de favoriser la rapidité des composants, la technologie F (F pour *fast*) apporte sa contribution par l'emploi de transistors que la série S avec une consommation 5 fois plus faible environ.
- **TTL AS** : **Advanced Schottky TTL** : dérivées des technologies présentées précédemment, les technologies avancées mettent en œuvre les progrès récents en matière de circuits intégrés bipolaires.

1.2. Code d'identification d'un circuit TTL :

Dans la version TEXAS INSTRUMENT, repris par de nombreuses secondes sources, le code d'identification d'un circuit TTL est relativement standardisé :

SN 74 AS 169 N ou *DM 54 S 283 J*

Chaque champ a une signification :

- SN, DM : champ littéral qui indique le constructeur.

- 74 ou 54 : gamme de températures normale (0 °C à 70 °C) ou militaire (-55 °C à 125 °C).
- AS, S, F… : type de technologie.
- 169, 283… : fonction logique.
- N, J, P, NT… : type de boitier (plastique ou céramique).

1.3. La famille CMOS :

Apparue à la même époque que la famille TTL standard, la première famille CMOS (**C**omplementary **M**etal **O**xyde **S**emi-conductor), la série 4000, s'est rendue populaire par sa très faible consommation statique (pratiquement 0) et par une grande plage de tension d'alimentation (3 à 15 V), malgré des performances dynamiques quatre à dix fois plus mauvaises dans les meilleurs cas (le retard dans les circuits dépend beaucoup de la capacité de charge en sortie pour la famille 4000). Cette famille est strictement incompatible avec la famille TTL, à la fois pour des questions de niveaux logiques que de courant absorbé par les portes TTL.

La famille des circuits CMOS s'est agrandie depuis dans deux grandes directions :

- Circuits spécialisés à très faible tension d'alimentation (1,5 V), très faible consommation, où la vitesse n'intervient pas (montres, calculettes simples).
- Circuits qui concurrencent les familles TTL, même rapides, avec une consommation statique pratiquement nulle : 4000B, 74C, 74HC, 74HCT, 74ACT, 74FACT. Les familles 74xxx sont fonctionnellement équivalentes aux familles TTL, mais le brochage des circuits est parfois différent, la lettre T indique la compatibilité de niveaux électriques avec les familles TTL.

Les CMOS sont un peu la famille idéale pour les applications courantes. Quelques précautions d'emploi sont cependant à noter :

- Les entrées inutilisées ne doivent jamais être laissées « en l'air », l'oubli de cette précaution, qui peut conduire à des dysfonctionnements des familles TTL, peut être destructif dans le cas des CMOS.

- Les signaux d'entrées ne doivent jamais être appliqués à un circuit non alimenté. Si le potentiel d'une entrée dépasse celui de la broche d'alimentation du circuit, cela peut provoquer un phénomène connu sous le nom de « **latch up** », destructif qui est un véritable court-circuit interne (la structure CMOS présente un thyristor parasite qui, s'il est mis en conduction, court-circuite les alimentations).
- Les circuits sont sensibles aux décharges électrostatiques, les mémoires à grande capacité ne doivent être manipulées que par un opérateur muni d'un bracelet conducteur relié à la masse du montage.

2. LA Structure de base des familles logiques TTL et CMOS :

2.1. La famille TTL :

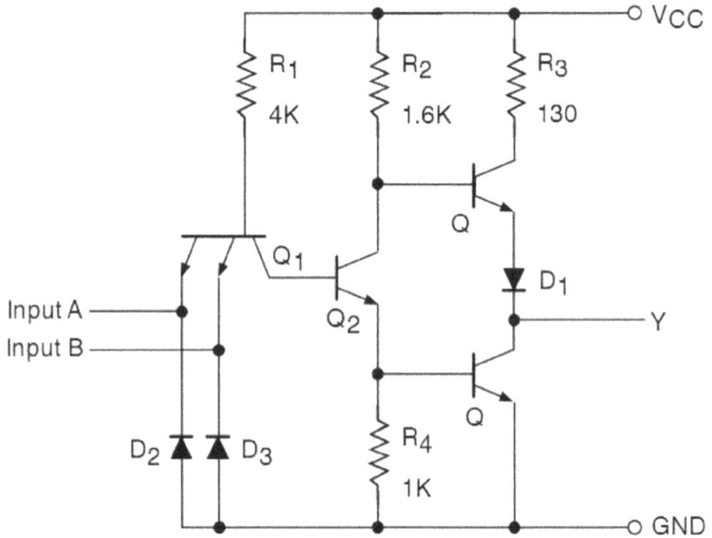

Figure 1 : Circuit d'une porte NAND

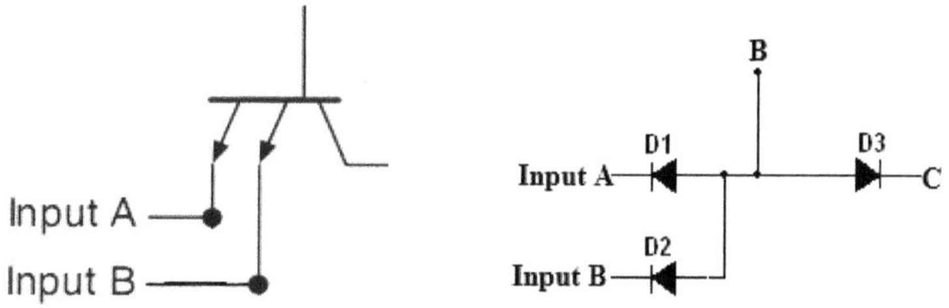

Figure 2 : Équivalents à diodes d'un transistor à plusieurs émetteurs

Vous pourrez mieux comprendre le fonctionnement de ce circuit en remplaçant Q_1 de la figure 1 par le montage à diode de la figure 2. Un niveau **BAS** sur l'une ou l'autre des entrées A ou B met la diode correspondante en polarisation directe et place D_3 en polarisation inverse. Cette action a pour effet de bloquer Q_2 et produit un niveau **HAUT** à la sortie, comme nous l'avons déjà décrit pour l'inverseur TTL. Évidemment, un niveau sur les deux entrées produit le même effet. Un niveau **HAUT** sur les deux entrées place les deux diodes d'entrée en polarisation inverse et met D_3 en polarisation directe. Cette action met Q_2 en marche et produit un niveau de sortie **BAS**.

2.2. La famille CMOS :

Une logique CMOS emploie une paire de MOSFET complémentaire comme éléments de base, l'un à canal N et l'autre à canal P.

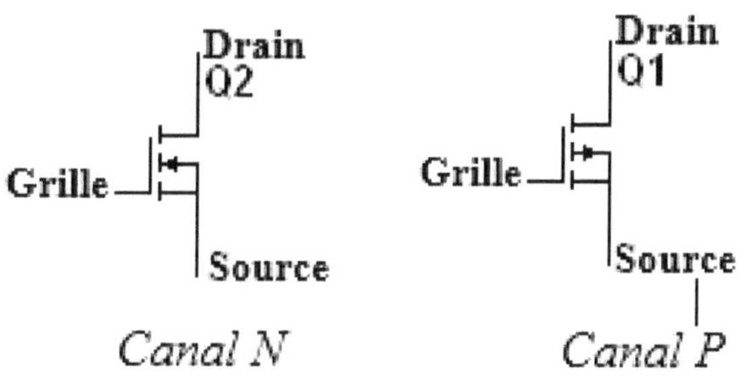

Figure 3 : Symboles de MOSFET

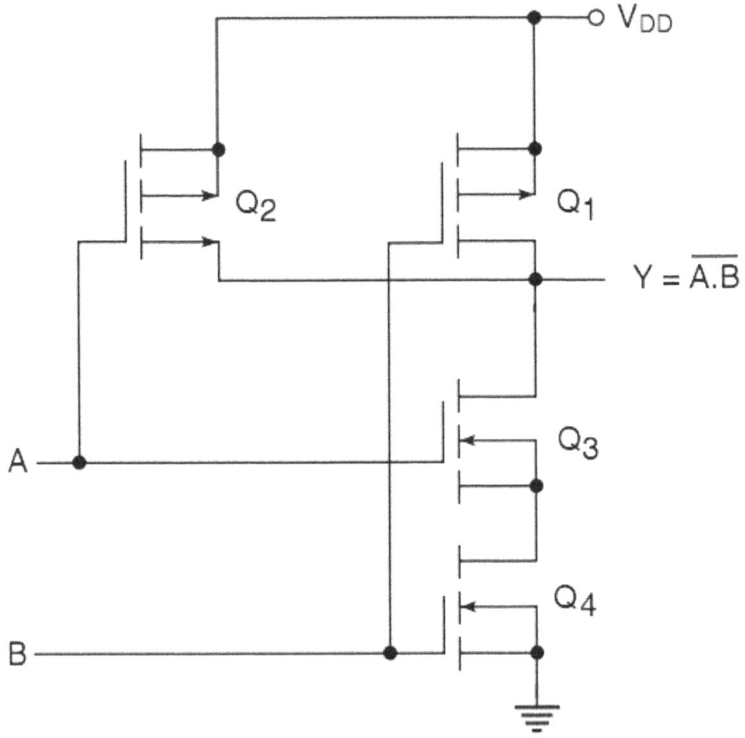

Figure 4 : Circuit d'une porte NAND CMOS

Lorsque l'entrée A est au niveau **BAS** et que l'entrée B est au niveau **HAUT**, Q_1 et Q_4 sont conducteurs et Q_2 et Q_3 sont bloqués. La sortie est rappelée au niveau **HAUT** par l'intermédiaire du transistor saturé Q_1.

Quand l'entrée A est à l'état **HAUT** et que l'entrée B est à l'état **BAS**, Q_1 et Q_4 sont bloqués et Q_2 et Q_3 sont conducteurs (saturés : se comportent idéalement comme un interrupteur fermé entre le drain et la source). La sortie est rappelée au niveau **HAUT** travers Q_2 qui la relie directement à l'alimentation.

Finalement, lorsque les deux entrées sont à l'état **HAUT**, Q_1 et Q_2 sont bloqués et Q_3 et Q_4 sont saturés, la sortie est rappelée au niveau **BAS.**

3. Caractéristiques électriques et temporelles des portes logiques :

Les circuits intégrés logiques sont évalués en comparant les caractéristiques électriques et temporelles.

- Caractéristiques électriques :
  - La plage des tensions d'alimentation et la tolérance admise sur cette valeur.
  - La plage des tensions associée à un niveau logique en entrée ou en sortie.
  - Les courants pour chaque niveau logique, en entrée ou en sortie.
  - Le courant maximum que l'on peut extraire d'une porte logique et le courant absorbé en entrée.
  - La puissance maximale consommée qui dépend souvent de la fréquence de fonctionnement.
- Les performances dynamiques principales :
  - Les temps de montée (transition bas-haut) et de descente (transition haut-bas) des signaux en sortie d'une porte.

3.1. Notations (abréviations anglo-américaines) :

Tensions :

- V_{CC} : tension nominale d'alimentation.
- V_{IH} : tension d'entrée au niveau logique haut (Input High).
- V_{IL} : tension d'entrée au niveau logique bas (Input Low).
- V_{OH} : tension de sortie au niveau logique haut (Output High).
- V_{OL} : tension de sortie au niveau logique bas (Output Low).

Courants : tous les courants sont entrants dans la porte.

- I_{CC} : courant d'alimentation.
- I_{IH} : courant d'entrée au niveau logique haut.
- I_{IL} : courant d'entrée au niveau logique bas.
- I_{OH} : courant de sortie au niveau logique haut.
- I_{OL} : courant de sortie au niveau logique bas.

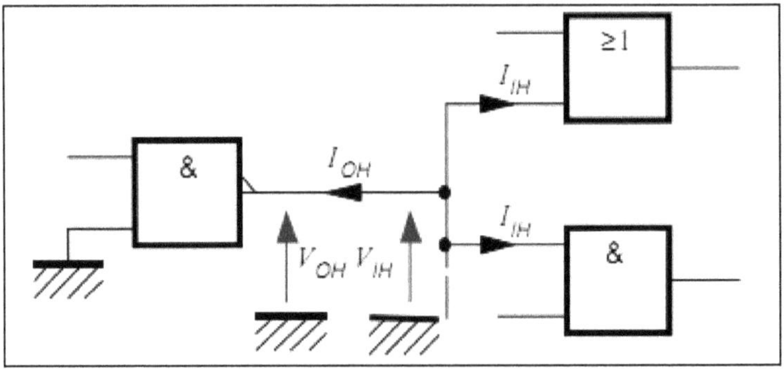

Figure 5 : niveau logique haut.

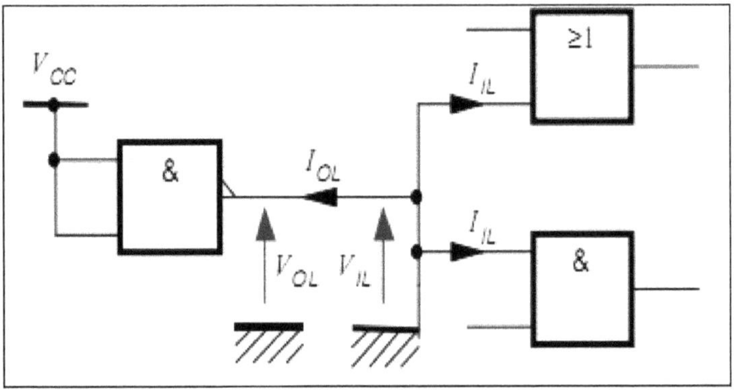

Figure 6 : niveau logique bas.

3.2. Caractéristiques électriques :

3.2.1. Tension d'alimentation en courant continu :

La valeur nominale de la tension d'alimentation continue des composants TTL (logique de transistor à transistor) est de +5 V. Les composants CMOS (MOS complémentaire) sont classés d'après leur tension d'alimentation : 5 V, 3,3 V, 2,5 V et 1,2 V. Même si l'on ne reproduit pas sur les schémas logiques pour des raisons de simplicité, la tension d'alimentation continue est appliquée sur la broche V_{CC} d'un boitier de circuit intégré et la masse est appliquée sur la broche masse ou GND (Ground).

3.2.2. Niveaux logiques :

Un niveau logique correspond à une plage de tensions : le niveau logique 1 (entre V_{CC} et une limite inférieure à V_{CC}) et le niveau 0 (de 0 V à une limite supérieure).

	TTL	CMOS
V_{IHmin}	**2V**	**0.55* V_{CC}**
V_{ILmax}	**0.8**	**0.45* V_{CC}**
V_{OHmin}	**2.4**	**0.95* V_{CC}**
V_{OLmax}	**0.4**	**0.05* V_{CC}**

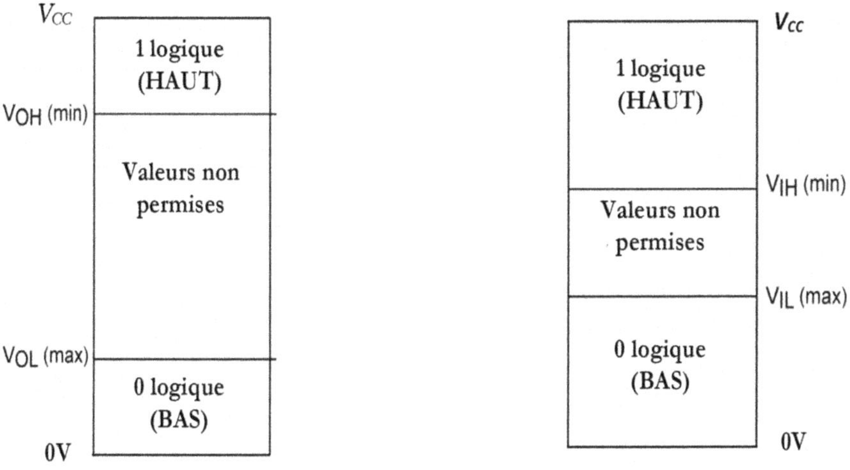

Sortie **Entrée**

3.2.3. Bruit statique et immunité :

Le bruit est une variation aléatoire d'une grandeur physique autour de la valeur déterminée (permanente, ou nominale).

L'immunité au bruit est la marge de sécurité que l'on peut observer sans provoquer un changement d'état logique non désiré : c'est l'amplitude maximale du signal parasite à superposer au signal d'entrée pour provoquer un changement d'état logique de sortie.

Dans le cas le plus défavorable, l'immunité au bruit au niveau logique, exprimée en Volts, se donne par les expressions suivantes :

- **Pour un niveau logique haut :** $V_{BH} = V_{OHmin} - V_{IHmin}$
- **Pour un niveau logique bas :** $V_{BL} = V_{ILmax} - V_{OLmax}$

3.2.4. Consommation d'énergie :

Une porte logique draine du courant d'un bloc d'alimentation c.c. Quand la sortie de la porte est au niveau **HAUT**, l'intensité du courant drainée correspond à $\mathbf{I_{CCH}}$. Au niveau bas, l'intensité de courant drainée diffère et est désignée par $\mathbf{I_{CCB}}$.

À titre d'exemple, si I_{CCH} vaut 1,5 mA quand V_{CC} est à 5 V et que la porte est dans un état de sortie **HAUT** statique (permanent), la consommation (P_D) de la porte vaut :

$$\boldsymbol{P_{D=V_{CC}I_{CCH}} = \mathbf{5V.1,5\ mA = 7,5\ mW}}$$

Quand la porte reçoit des impulsions, elle bascule entre les niveaux **HAUT** et **BAS**, alors que l'intensité de courant tirée de la source varie entre I_{CCH} et I_{CCB}. La consommation moyenne d'énergie dépend du rapport cyclique et habituellement spécifié à 50 %.

Quand le rapport cyclique vaut 50 %, la sortie est au niveau la moitié du temps et au niveau bas durant l'autre moitié. Le courant moyen drainé vaut donc $I_{CC} = \frac{I_{CCH}+I_{CCB}}{2}$, ainsi la consommation totale par la porte est donnée par l'expression suivante :

$$P_D = V_{CC}I_{CC}.$$

La consommation dans un circuit TTL est essentiellement constante pour toute son échelle de fréquences opérationnelles. Par contre, la consommation d'énergie d'un CMOS dépend de la fréquence : extrêmement basse en régime statique, elle augmente à mesure que la fréquence croît.

3.2.5. Sortance des portes logiques :

La sortance traduit le nombre maximum d'entrées logiques que peut commander une sortie.

- Sortance au niveau logique bas : $S_L = \left|\frac{I_{OLmax}}{I_{IL}}\right|$
- Sortance au niveau logique haut : $S_H = \left|\frac{I_{OHmax}}{I_{IH}}\right|$

3.3. Caractéristiques temporelles des portes logiques :

3.3.1. Délai de propagation :

Quand un signal se propage dans un circuit logique, il subit toujours un retard, comme l'illustre la figure 7. Le changement du niveau de sortie s'effectue toujours un bref instant après le changement du niveau d'entrée qui le cause. Ce retard est appelé **le délai de propagation** de la porte.

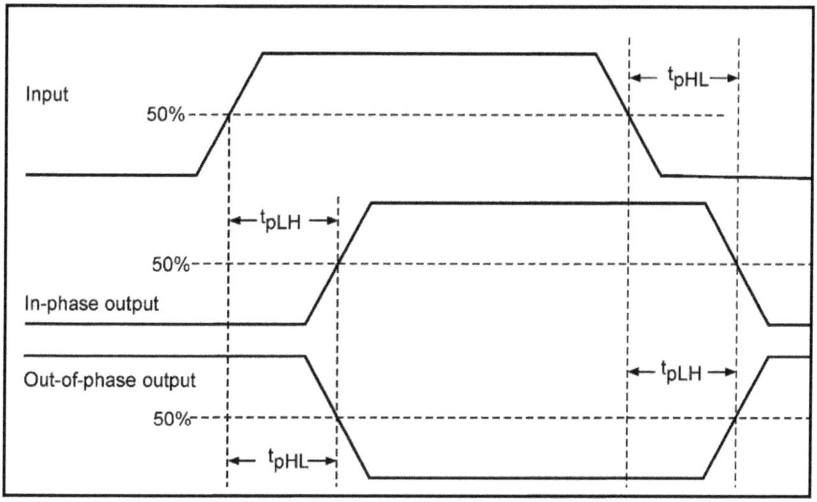

Figure 7 : délais de propagation

- T_{pHL} : temps de propagation du signal logique lorsque la sortie passe de l'état haut à l'état bas. *(Propagation Time High to Low).*
- T_{pLH} : temps de propagation du signal logique lorsque la sortie passe de l'état bas à l'état haut. *(Propagation Time Low to High).*

Ces délais de propagation sont illustrés à la figure 4, en prenant comme référence les points à 50 % sur les fronts des impulsions.

Le délai de propagation d'une porte limite la fréquence à laquelle elle peut être pilotée. Plus le délai de propagation est élevé, plus la fréquence maximale est faible, en conséquence, un circuit rapide possède un délai de propagation plus faible. Par exemple, une porte provoquant un retard de 3 ns est plus rapide qu'une autre introduisant un retard de 10 ns

5. Sorties particulières :

5.1. Sortie bufférisée :

Pour pallier l'insuffisance de sortance, on utilise une porte logique à sortie dite bufférisée. Dans ce cas, les gabarits de tension et les courants d'entrée sont identiques aux caractéristiques standards, mais les courants de sortie maximum aux niveaux logiques (I_{OL} et I_{OH}) sont plus importants. Sur le symbole de la porte, la sortie est marquée par le signe ▻ (amplification).

5.2. Sortie à collecteur ouvert :

Lorsque la charge nécessite une tension d'alimentation que ne peut lui fournir la porte logique, on a recours à la sortie à collecteur ouvert. Dans cette configuration, la sortie est le collecteur du dernier transistor dont il faut terminer la polarisation.

Une telle sortie est identifiée par le signe ◇ placé en face de la sortie considérée.

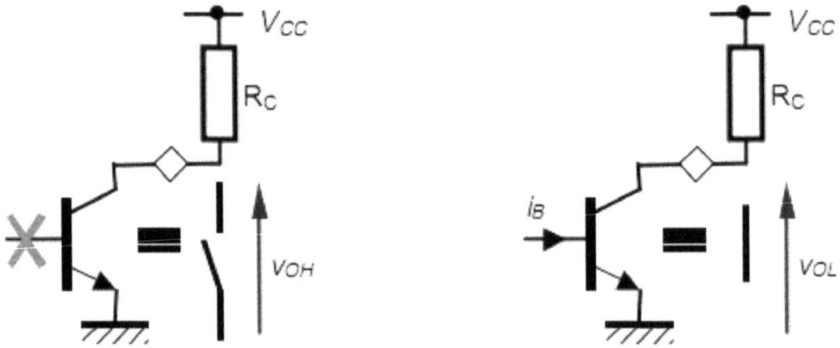

Figure 8 : Sortie à collecteur ouvert

5.3. Sortie trois états :

Dans certaines applications, il s'avère nécessaire de déconnecter électriquement la sortie d'une porte logique pour isoler d'autres sorties attachées au même nœud électrique.

Dans cette hypothèse, il faut que la sortie apparaisse comme un circuit ouvert vis-à-vis du reste du montage. En conséquence, l'impédance (ou la résistance) de sortie soit très grande, voire infinie. Un nouvel état non logique apparait en supplément du niveau haut et du bas : état de haute impédance (HIZ). Pour mettre en œuvre une telle porte, il faut une entrée supplémentaire sélectionnant l'état haute impédance ou troisième état.

Une sortie de ce type peut apparaitre indépendamment de la fonction logique du circuit. Une sortie de type trois états est repérée par le symbole ∇

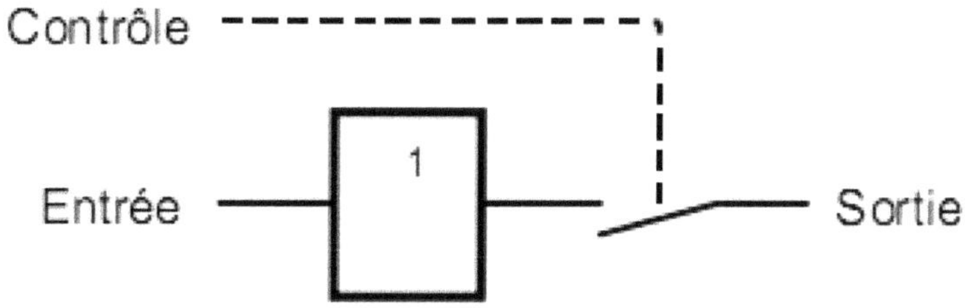

Figure 9 : Principe de la sortie à trois états

Exercices

Exercice n° 1 :

1. Donner le schéma d'une porte NAND à 2 entrées
2. Peut-on généraliser le schéma sur **X-entrées**

Exercice n° 2 :

1. Soit le montage ci-dessous, d'une porte logique. Analyser le montage et en déduire le rôle de l'entrée OE (Output Enable) et le rôle de la porte ?

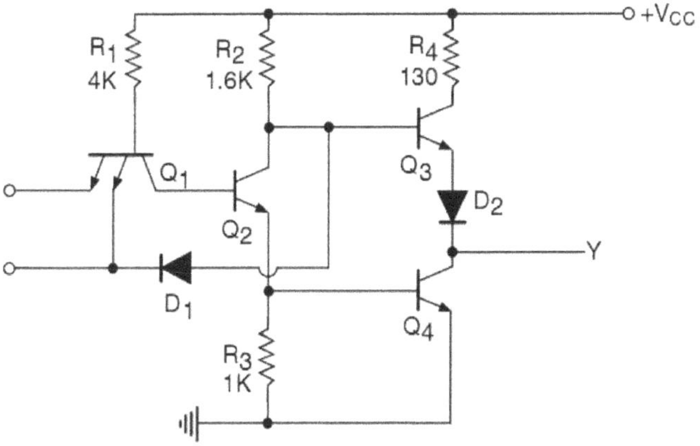

Exercice n° 3 :

La sortie d'une porte logique à l'état haut est équivalente à un dipôle actif, comme il est modélisé dans la figure ci-dessous :

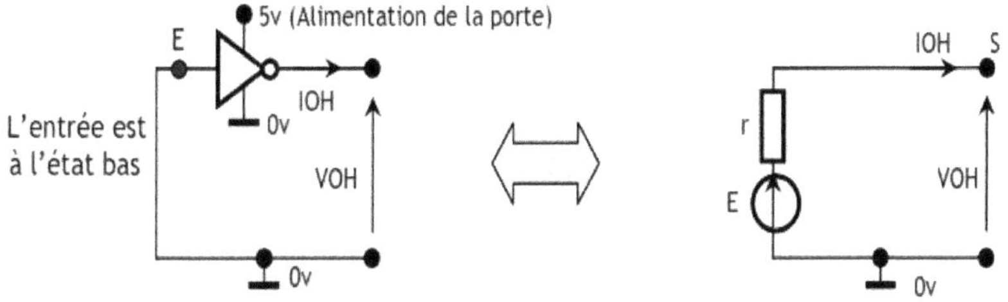

On se propose d'étudier sa caractéristique courant-tension **$V_{OH} = f(I_{OH})$**. Le relevé d'une telle caractéristique est donné à la figure ci-après :

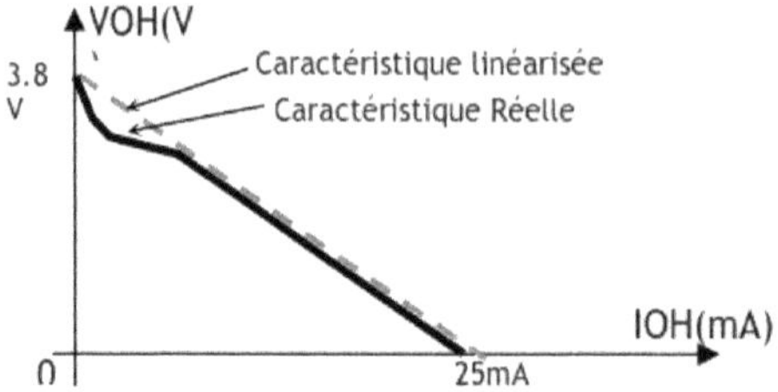

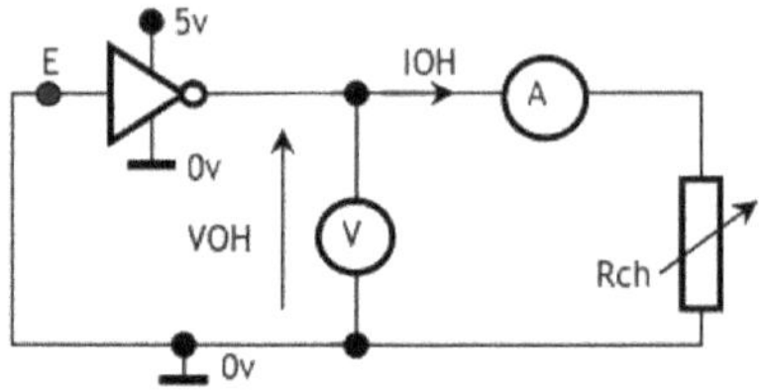

1. Donner les caractéristiques **(E, r)** de ce dipôle, en considérant la caractéristique linéaire.

<u>Exercice n° 4 :</u>

Soit le montage de la figure suivante :

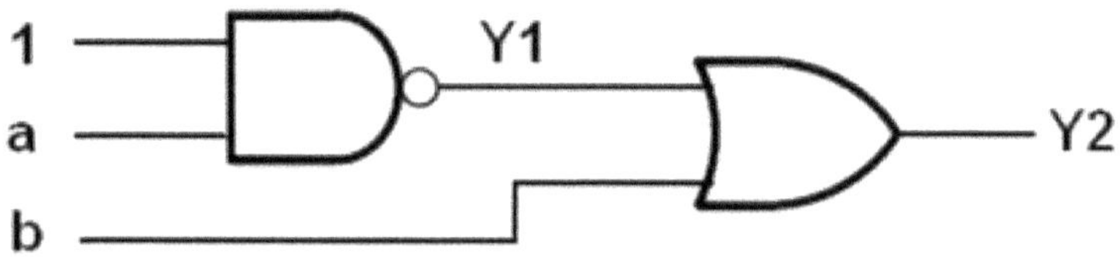

1. Compléter le chronogramme dans le cas idéal.
2. Compléter le chronogramme en tenant compte des durées de propagation
3. Conclure.

On donne :

- 7 400 (quadruple portes NAND à 2 entrées) :
  - $T_{PLH} = 11$ ns
  - $T_{PHL} = 7$ ns
- 7 432 (quadruple portes OR à 2 entrées)
  - $T_{PLH} = 10$ ns
  - $T_{PHL} = 1$ ns

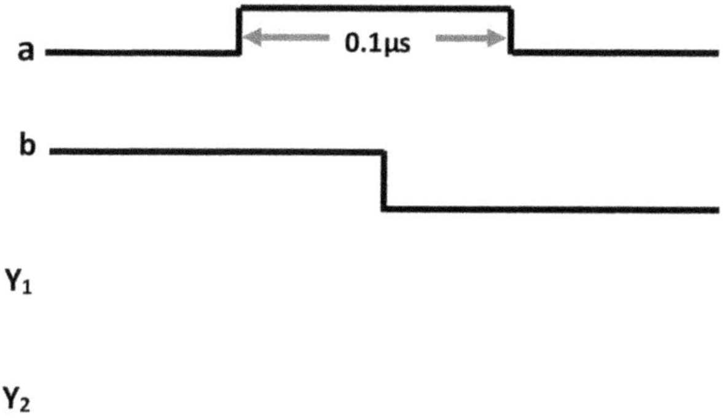

Exercice n° 5 :

Soit la caractéristique de transfert du CI 7414 :

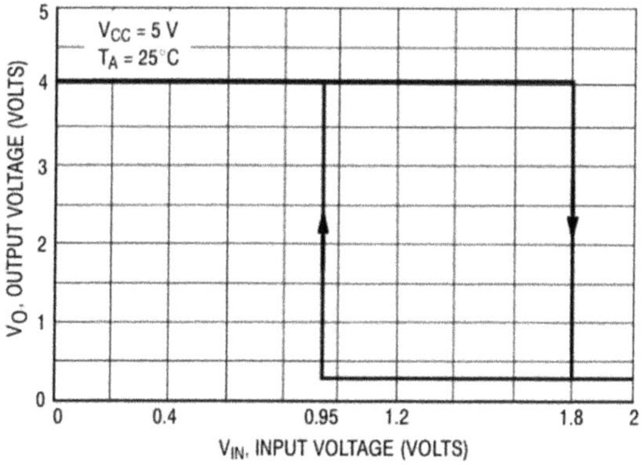

1. Déterminer la fonction réalisée par ce circuit.
2. Compléter le chronogramme ci-dessous

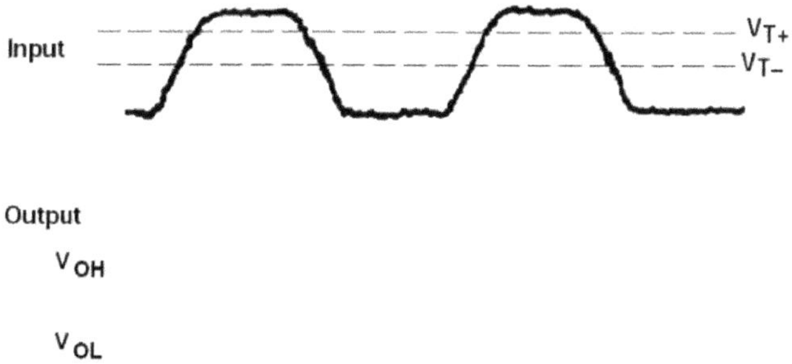

Chapitre 2 :
CAN-CNA

- Prérequis :
  - ✓ **Électronique générale**
  - ✓ **Mesures électriques**
  - ✓ **Système logique**
- Objectifs :
  - ✓ **Connaitre les caractéristiques des CAN et CNA**
  - ✓ **Connaitre le principe de fonctionnement des CAN**
  - ✓ **Connaitre le principe de fonctionnement des CNA**

Introduction :

Les systèmes de traitement numérique acceptent en entrée et restituent des grandeurs physiques qui évoluent le plus souvent de manière analogique. On peut parfois capter ou restituer directement ces grandeurs en numérique (comme, par exemple, dans le cas d'une caméra CCD ou d'un écran plat LCD) mais il faut généralement convertir le signal analogique d'entrée en signal numérique puis convertir après traitement le signal numérique en signal analogique. Ce paragraphe va traiter des circuits assurant ces conversions.

1. Schéma typique de traitement de l'information :

Malgré les nombreuses possibilités d'utilisation des convertisseurs, on peut établir le schéma typique d'une chaîne de traitement de l'information.

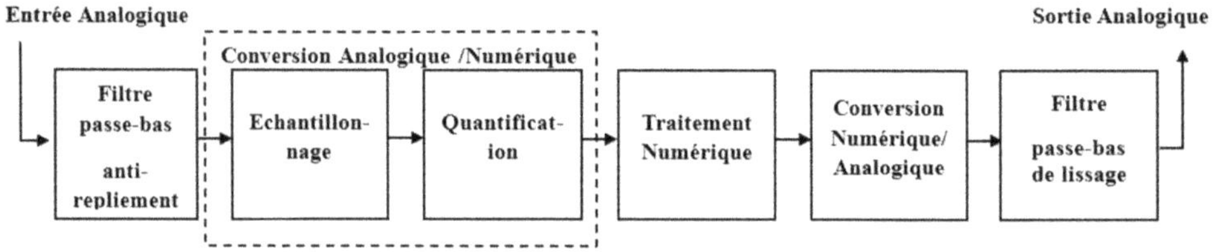

Figure 1 : Schéma de traitement de l'information

On trouve toujours dans une telle chaîne trois opérations principales :

• Le passage du signal analogique au signal numérique, c'est-à-dire le filtrage passe-bas anti-repliement, l'échantillonnage et la quantification. Les deux dernières étapes forment la conversion analogique/numérique.

• Le traitement numérique.

• Le passage du signal numérique au signal analogique, c'est-à-dire la conversion analogique/numérique et le filtrage passe-bas de lissage.

Cette chaîne conduit à définir trois types de signaux :

✓ **Le signal analogique**. C'est un signal dont l'amplitude varie de manière continue en fonction du temps.

✓ **Le signal échantillonné**. C'est un signal dont l'amplitude varie de manière discontinue avec le temps. Son amplitude est égale à celle du signal analogique à tous les instants **n.Te** et vaut **0** ailleurs. Ce signal est donc constitué d'une suite d'échantillons espacés de **Te, la période d'échantillonnage.**

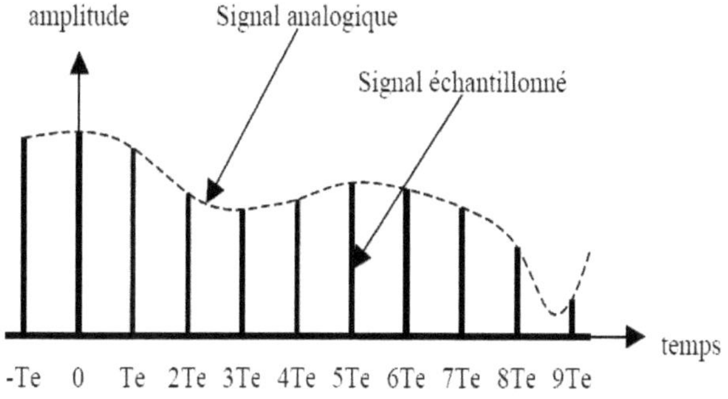

Figure 2 : Les types de signaux

✓ **Le signal quantifié** (ou signal numérique). L'amplitude de chaque échantillon du signal précédent est un nombre réel de précision infini (par exemple, 72 354 volts). Pour pouvoir traiter un échantillon en numérique, il faut commettre une approximation sur son amplitude pour pouvoir utiliser un nombre fini de bits. C'est la quantification. Le signal quantifié est converti par exemple sur 8 bits, ce qui signifie que chaque échantillon réel est codé avec 8 bits. Le signal numérique est donc une suite de nombres binaires codés sur 8 bits qui représente le signal analogique de départ.

2. Définitions :

On utilisera dans la suite les abréviations suivantes :

- *CAN :* Convertisseurs Analogique-Numérique
  - *ADC* en anglais : Analog to Digital Converter
- *CNA :* Convertisseur Numérique-Analogique
  - *DAC* en anglais : Digital to Analog Converter

Il s'agit de deux composants aux fonctions contraires.

Un **CAN** transforme une tension analogique e(t) en une série de codes numériques, souvent codés en binaire sur n bits. e(t) peut être une tension continue ou une tension variable en fonction du temps.

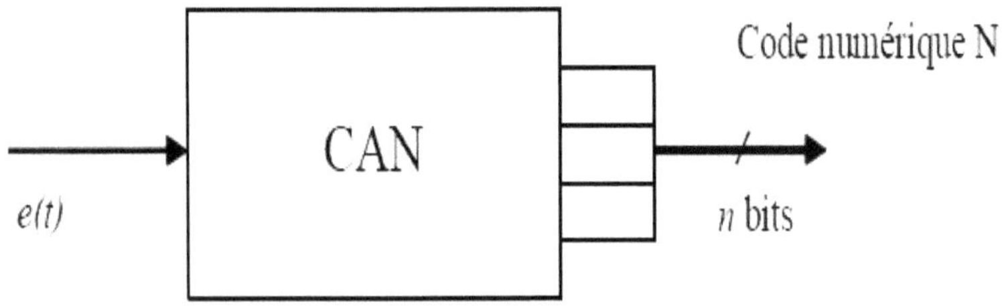

Figure 3 : Convertisseur Analogique Numérique

Un **CNA** transforme une série de codes numériques en une suite de tensions qui varient en fonction du temps.

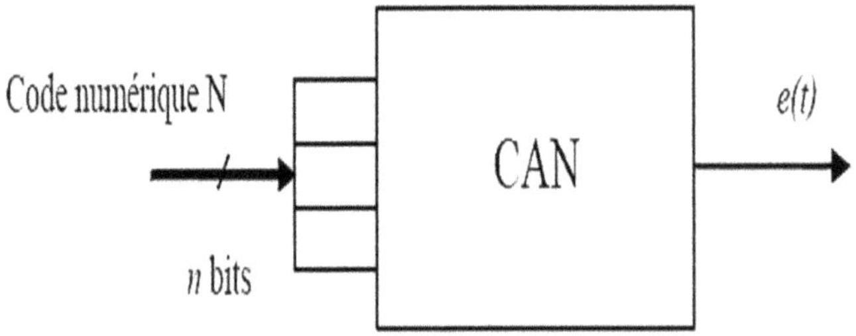

Figure 4 : Convertisseur Numérique Analogique

3. Principes de fonctionnement :

Pour les CAN, le signal est déjà échantillonné et bloqué. Pendant ce temps de blocage, un circuit complémentaire convertit la tension bloquée en une valeur numérique. Il est évidemment nécessaire que cette conversion se fasse dans le laps de temps de blocage. Différents types de conversions existent qui seront précisés dans les paragraphes suivants. Une fois le codage effectué, un nouvel échantillonnage-blocage est permis et ainsi de suite.

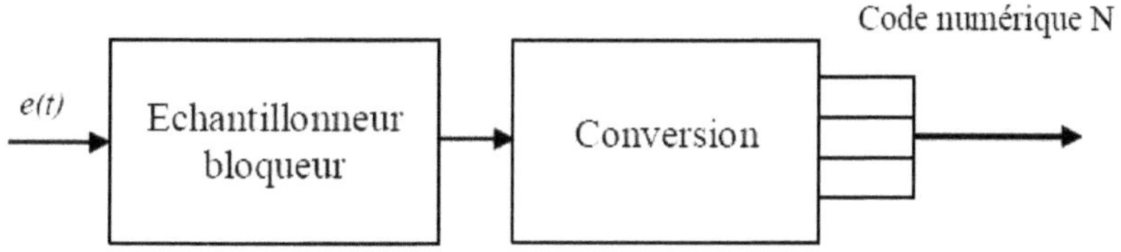

Figure 5 : Schéma synoptique d'un CAN

Pour les CNA, la première étape consiste à convertir le code numérique en une grandeur analogique, en règle générale un courant. Plusieurs types de conversion existent qui seront détaillés plus loin. Le courant est ensuite converti en une tension par un étage de sortie à base d'un amplificateur opérationnel monté en inverseur.

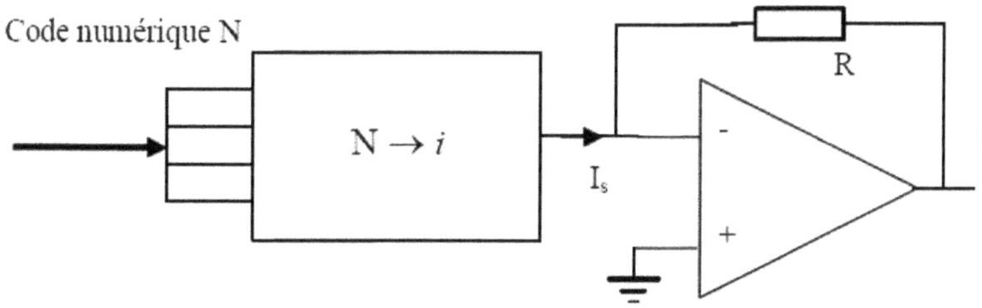

Figure 6 : Schéma synoptique d'un CNA

4. Caractéristiques des convertisseurs :

Les caractéristiques suivantes sont décrites pour des **CAN** ; l'analogie est valable et parfois précisée pour les **CNA**.

4.1 La tension de référence :

Pour effectuer sa conversion, le convertisseur a besoin d'une tension de référence à laquelle il compare les tensions à convertir. Cette tension est souvent intégrée directement dans le composant. On la notera $\mathbf{E}_{ref}$. Sa stabilité est très importante car toute fluctuation de sa valeur peut entraîner des erreurs dans les conversions.

4.2. La pleine échelle :

Il s'agit de la tension analogique maximale acceptée par le CAN (respectivement délivrée en sortie par le **CNA**). Elle peut être :

- **unipolaire** $0 < e(t) < E\text{max}$
- **bipolaire** $-E_{max} < e(t) < E_{max}$

4.3. Le nombre de bits :

Le code binaire N en entrée (respectivement en sortie) est codé sur n bits. Cela donne $\mathbf{2^n}$ combinaisons.

4.4. Le quantum :

C'est la plus petite variation de la tension de sortie. Il correspond à la valeur de sortie quand un seul bit de poids le plus faible de N est à l'état haut. Par définition

$$q = \frac{E_{ref}}{2^n}$$

4.5. La résolution :

La résolution est définie par :

$$R = \frac{1}{2^n}$$

On peut noter que plus le nombre de bits $\boldsymbol{n}$ est grand, plus la résolution est bonne.

4.6. Erreur de zéro ou de décalage :

C'est l'écart entre la tension correspondant normalement au code 0 et la tension d'entrée (resp. de sortie) réelle pour laquelle le code de sortie est effectivement 0.

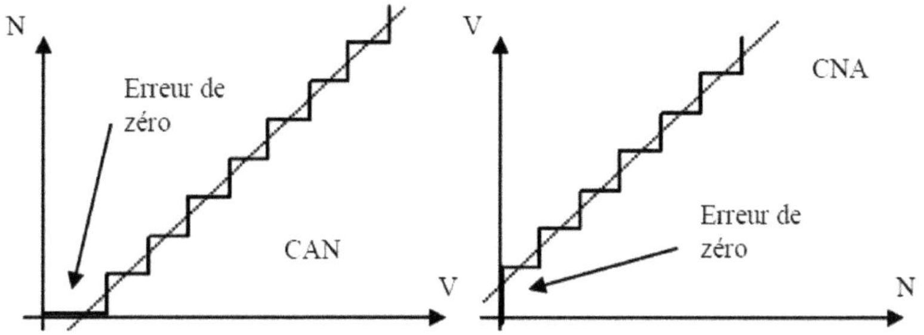

Elle est exprimée en % du pas de quantification ou en % de la tension de référence. On la veut la plus faible possible.

4.7. Erreur de gain ou erreur d'échelle :

Cette erreur se mesure une fois l'erreur de zéro compensée. C'est l'écart entre la tension correspondant normalement au code maximal et la tension d'entrée (resp. de sortie) réelle pour laquelle le code de sortie est effectivement le code maximal. Cela revient également à l'erreur de la pente moyenne d'où le nom erreur de gain.

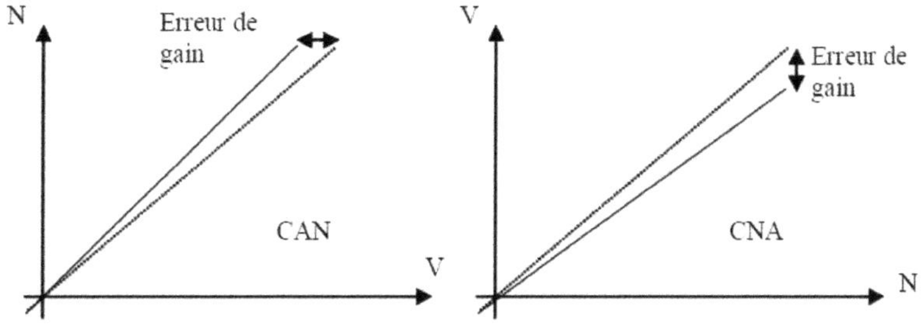

4.8. Monotonicité :

Il y a non-monotonicité lorsqu'il y a un code manquant ou décalé.

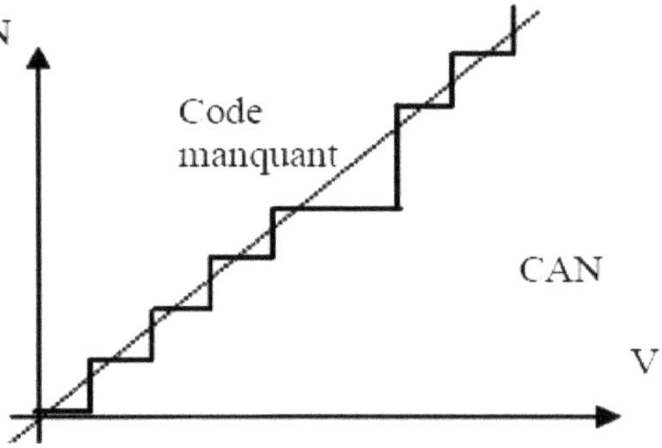

5. Les convertisseurs numériques analogiques :

5.1. CNA à résistances pondérées :

Le principe d'un CNA à résistances pondérées est illustré ici :

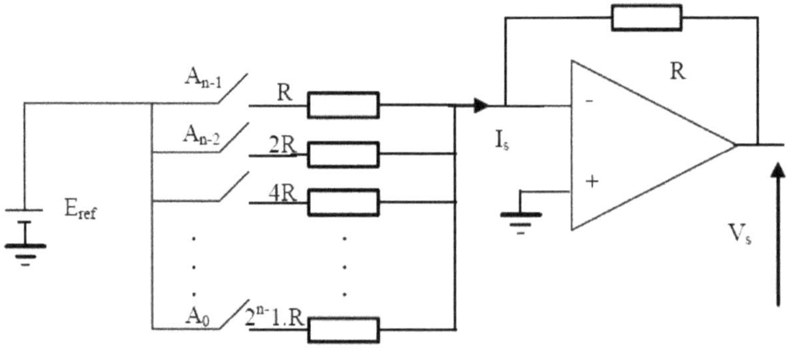

Figure 7 : Schéma d'un CNA à résistances pondérées

On peut calculer aisément le courant de sortie :

$$I_S = I_0 + I_1 + I_2 + \cdots + I_{n-2} + I_{n-1}$$

Ce qui donne :

$$I_S = \frac{E_{ref}A_0}{R.2^{n-1}} + \frac{E_{ref}A_1}{R.2^{n-2}} + \cdots + \frac{E_{ref}A_{n-2}}{2.R} + \frac{E_{ref}A_{n-1}}{R}$$

En adoptant la notation suivante : si $\mathbf{A_x = 0}$ alors, l'interrupteur x est ouvert, si $\mathbf{A_x = 1}$ alors l'interrupteur est fermé. Les interrupteurs sont ainsi actionnés par des bits de commandes. On obtient alors :

$$V_S = -E_{ref}(\frac{A_0}{2^{n-1}} + \frac{A_1}{2^{n-2}} + \cdots + A_{n-1})$$

Dans l'exemple d'un CNA 4 bits,

$$V_s = -E_{ref}(\frac{A_0}{8} + \frac{A_1}{4} + \frac{A_2}{2} + \frac{A_3}{1})$$

Le pas de quantification est $\frac{\boldsymbol{E_{ref}}}{\mathbf{8}}$.

Ce type de convertisseur est limité à un faible nombre de bits car sa précision dépend de la bonne réalisation des 2^{n-1} résistances et de leurs valeurs respectives. On peut noter également que ce type de convertisseur est peu rapide : les courants de commutation dans les résistances et les inévitables capacités parasites entraînent des temps de conversion assez longs.

5.2. CNA à réseau R-2R :

Le principe d'un CNA à réseau R-2R est illustré par un exemple 4 bits.

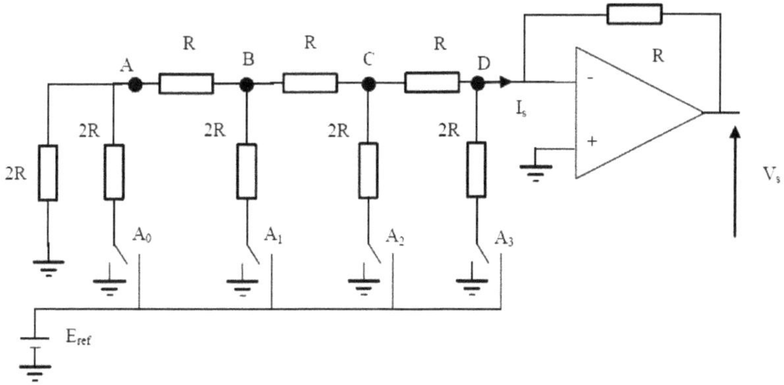

Figure 8 : Schéma d'un CNA à réseau R-2R

Afin de calculer la tension de sortie, il est nécessaire de calculer le courant Is. On procède par superposition. Dans un premier temps, A_0 est à E_{ref} et les autres interrupteurs à la masse : on peut calculer I_0. Ainsi de suite pour les autres courants I_n. Le courant de sortie est la somme des quatre courants calculés séparément.

Revenons sur le calcul de I_0. En appliquant Thévenin au point A, il vient le nouveau schéma :

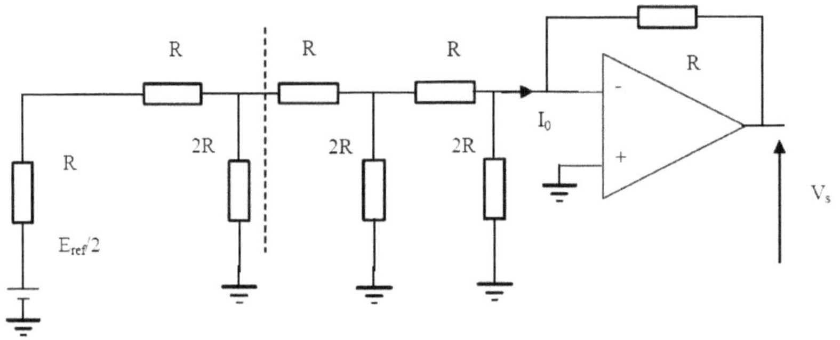

On peut procéder ensuite en réitérant Thévenin jusqu'à obtenir le schéma équivalent de la figure suivante :

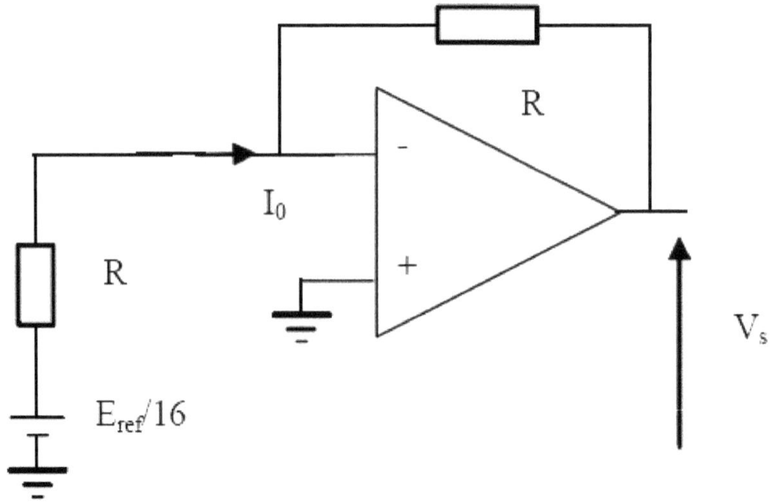

On obtient :

$$I_0 = \frac{A_0 E_{ref}}{16.R}$$

On peut procéder de la même manière pour calculer I_1 ce qui donne :

$$I_1 = \frac{A_1 E_{ref}}{8.R}$$

Puis :

$$I_2 = \frac{A_2 E_{ref}}{4.R}$$

Et :

$$I_3 = \frac{A_3 E_{ref}}{2.R}$$

Ce qui donne en final :

$$I_S = \frac{A_0 E_{ref}}{16.R} + \frac{A_1 E_{ref}}{8.R} + \frac{A_2 E_{ref}}{4.R} + \frac{A_3 E_{ref}}{2.R}$$

Soit la tension de sortie :

$$V_S = -RI_S = -R[\frac{A_0 E_{ref}}{16.R} + \frac{A_1 E_{ref}}{8.R} + \frac{A_2 E_{ref}}{4.R} + \frac{A_3 E_{ref}}{2.R}]$$
$$= -\frac{E_{ref}}{2^4}(A_0 + 2.A_1 + 4.A_2 + 8.A_3)$$

On peut reconnaître **2^4** qui correspond à un convertisseur 4 bits. A_0 est le bit de poids faible et A_3 le bit de poids fort.

On retrouve les défauts de commutation et de rapidité du CNA à réseau de résistances dans ce type de convertisseurs : lenteur due aux commutations et précision fortement dépendante des valeurs de résistances.

5.3. Applications :

Outre la commande des divers actionneurs ou récepteurs (moteurs, électrovannes…), les CNA peuvent être utilisés pour réaliser des sources de tensions programmables, des amplificateurs à gain variables souvent intégrés dans les chaînes d'acquisition, des déphaseurs à commande numérique ou des filtres analogiques programmables.

6. Les convertisseurs analogiques numériques :

6.1. CAN parallèle :

Le principe d'un CAN parallèle est illustré par un exemple 2 bits.

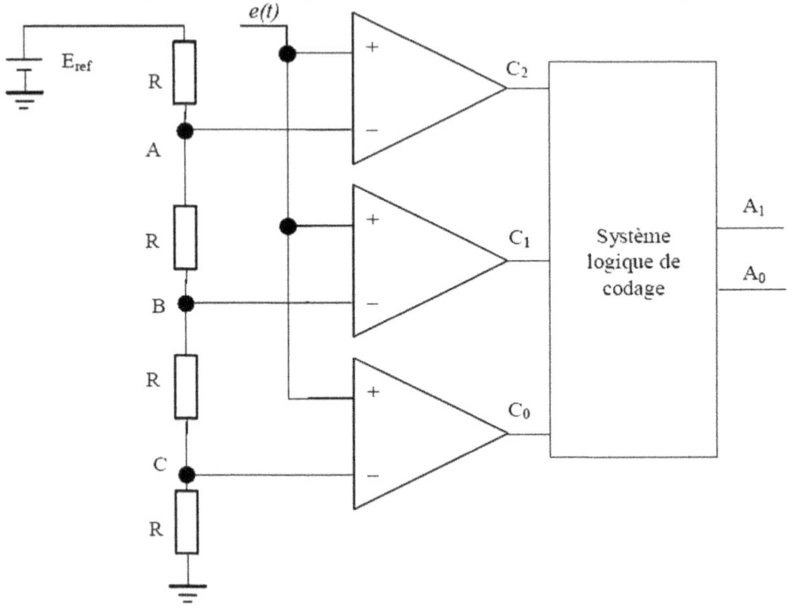

Figure 9 : Schéma d'un CAN parallèle 2 bits

Grâce à **3** comparateurs (**2^{n-1} comparateurs pour un CAN n bits**), la tension à convertir est comparée à une tension de référence **E_{ref}**. La résolution vaut $\frac{E_{ref}}{4}$.

La tension au point A vaut : $\frac{3.E_{ref}}{4}$, au point B $\frac{E_{ref}}{2}$ et au point C $\frac{E_{ref}}{4}$.

Toutes les comparaisons se font en même temps d'où le nom de parallèle.

Les comparateurs fournissent des 0 ou des 1 logiques. Une logique de décodage transforme les 3 bits (respectivement 2^n-1) en 2 bits (respectivement n bits) qui forment alors le code N.

Prenons un exemple :

$$e(t) = \frac{2.E_{ref}}{5}.$$

On a les trois sorties des comparateurs C0 = 1, C1 = 0 et C2 = 0. La logique de codage compte alors le nombre de 1 et transforme le code en **N = A1A0 = 01.**

Ce type de convertisseur s'avère très rapide. Il est par contre nécessaire d'avoir **2^n-1** comparateur ce qui aboutit à une structure très lourde en cas de convertisseurs avec n grand.

6.2. CAN à approximations successives :

Le principe d'un CNA à approximations successives est représenté sur la figure suivante :

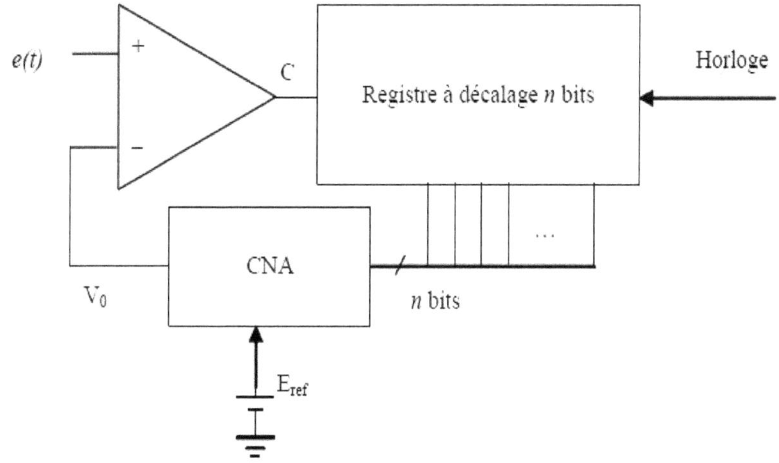

Figure 10 : Schéma d'un CAN à approximations successives

Un CNA est intégré à l'intérieur. Le registre élabore n bits $A_{n-1}...A_1A_0$ par une suite de comparaisons cadencées par une horloge. Si C = 1, alors le registre met le bit de poids le plus fort à 1. Si ce bit est déjà à 1, c'est le bit de poids juste inférieur qui est mis à 1, et ainsi de suite. Si C = 0, le registre repère le bit de poids le plus faible qui est déjà à 1 noté A_x ; ce bit est mis à 0 et le bit A_{x-1} est mis à 1. S'il s'agit de A_0, la série de comparaisons s'arrête et la valeur obtenue est la valeur finale.

Prenons un exemple de CAN 4 bits et de résolution égale à 1 V. On a donc $A_3A_2A_1A_0$ avec les bits qui valent respectivement 8 V, 4 V, 2 V et 1 V. La tension à convertir vaut e(t) = 9 V.

- Première étape : le registre vaut A3A2A1A0 = 0000 = 0 V < 9 V.
  - C=1
  - A3 mis à 1
- Seconde étape : le registre vaut A3A2A1A0 = 1000 = 8 V < 9 V
  - C = 1
  - A2 mis à 1
- Troisième étape : le registre vaut A3A2A1A0 = 1100 = 12 V > 9 V
  - C = 0
  - A2 mis à 0 et A1 mis à 1
- Quatrième étape : le registre vaut A3A2A1A0 = 1010 = 10 V > 9 V
  - C = 0
  - A1 mis à 0 et A0 mis à 1
  - La comparaison s'arrête ; on a A3A2A1A0 = 1001 = 9 V = e(t).

Ce type de CAN dépend fortement du CNA interne. Bien qu'il procède par plusieurs étapes successives, si le CNA est rapide, l'horloge de cadencement peut être assez haute et le convertisseur assez rapide également.

6.3. CAN simple rampe :

Le principe d'un CAN simple rampe est illustré ci-dessous :

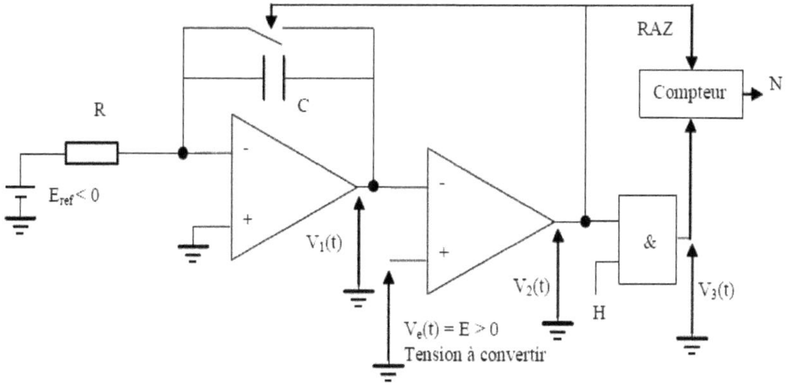

Figure 11 : Schéma d'un CAN à simple rampe

Le premier AOP est un système intégrateur. On a

$$\frac{E_{ref}}{R} = -C\frac{dV_1}{dt},$$

Il vient donc :

$$\frac{dV_1}{dt} = \frac{-E_{ref}}{RC},$$

Soit en intégrant par rapport au temps :

$$V_1 = \frac{-E_{ref}}{RC} + E_0,$$

Avec E_0, la constante d'intégration que l'on considère nulle souvent.

La tension à la sortie du premier AOP croît linéairement avec une pente positive. Lorsque sa valeur arrive à E, le deuxième AOP bascule en saturation négative, le condensateur se décharge quasiment instantanément, et ainsi de suite. Le & logique n'est là que pour passer en raisonnement numérique. On ne considère que la période de l'horloge H est très petite devant la constante de temps de charge du condensateur. Les chronogrammes des différentes tensions sont reportés ci-dessous.

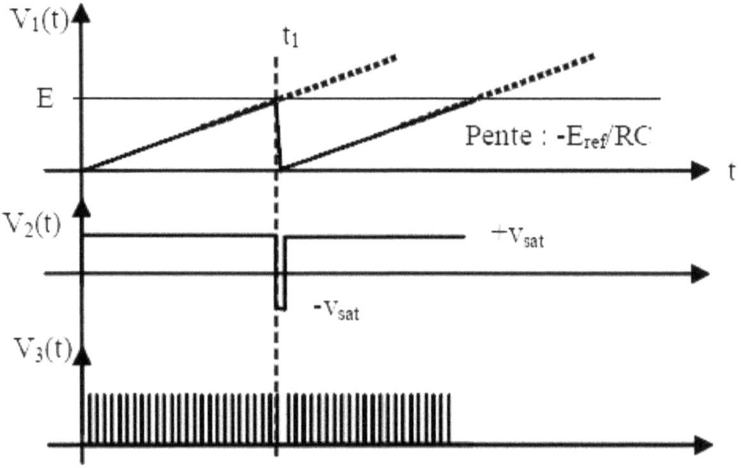

N représente le nombre de coups d'horloge H de période T pendant le temps de charge t_1. On pose donc $t_1 = N \times T$. D'autre part, on sait que :

$$V_1(t_1) = \frac{-E_{ref}}{RC} t_1 = E$$

On obtient donc :

$$\frac{-E_{ref}}{RC} N \times T = E$$

Ce qui donne donc :

$$N = -\frac{RC}{T.E_{ref}} \times E$$

On obtient bien un code N proportionnel à une tension E.

Dans ce type de CAN, la précision sur N est assez mauvaise car N dépend de trop de paramètres : R, C, E_{ref} et T. On peut connaitre assez finement T, et assez bien E_{ref}. Mais R et C dépendent de la température d'une manière forte, ce qui induit une incertitude sur la pente de charge à tout instant.

7. Caractéristiques techniques des convertisseurs :

7.1. Caractéristiques techniques des CNA :

Les principales caractéristiques techniques des **CNA**, reportées dans le tableau suivant, sont classées selon des valeurs minimum, typiques et maximum.

Caractéristiques	Min	Typ	Max
Nbre de bits	8	8/12	18
Temps de conversion	10 ns	500 ns	250 µs
Sortie analogique	Unipolaire ou bipolaire/Courant 5mA/ Tension 5V, 10V		
Entrées numériques	TTL ou TTL 3 états		
Alimentation	Symétrique (-15V, +15V) ou Unique (0V, 5V)		
Puissance consommée	20 mW	200 mW	>1 W
Autre	Compatible microprocesseur		

7.2. Caractéristiques techniques des CAN :

Les principales caractéristiques techniques des **CAN**, reportées dans le tableau suivant, sont classées selon des valeurs minimum, typiques et maximum.

Caractéristiques	Min	Typ	Max
Nbre de bits	6	8/12	24
Temps de conversion	10 ns	20 µs	>1 s
Entrée analogique	Unipolaire (0 à 10 V ou 0 à 20 V) ou bipolaire (±5 V ou ±10 B)		
Sorties numériques	TTL ou TTL 3 états ou ECL		
Alimentation	Symétrique (-15 V, +15 V) ou Unique (0 V, 5 V)		
Puissance consommée	200 mW	400 mW	>1 W
Autre	Compatible microprocesseur, sortie série		

7.3. Réalisation technologique des convertisseurs :

Les convertisseurs sont le plus souvent réalisés sous forme de circuits intégrés classiques. Les résistances qui demandent une grande précision sont ajustées par usinage laser. Mais beaucoup de convertisseurs possédant de nombreux composants discrets analogiques (condensateurs, résistances…) sont réalisées en technologie hybride, c'est-à-dire le circuit complet est composé de circuits intégrés classiques (comparateur, compteur amplificateur opérationnel…), mais sans boitier, et de composants discrets associés sur un circuit imprimé miniaturisé.

Exercices **Exercice 1 :**

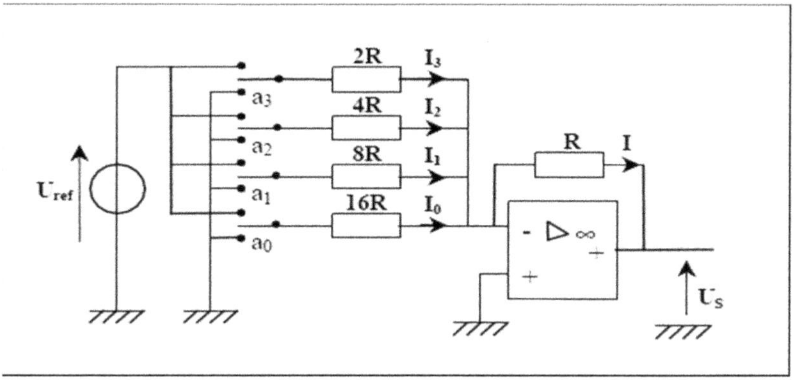

Figure 1

On considère le CNA de la figure 1

- Si **a_i=1** l'interrupteur est relié à $U_{ref.}$
- Si **a_i=0** l'interrupteur est relié à la masse.

1. Calculer les courants I_i en fonction des a_i, R et $U_{ref.}$
2. Appliquer le théorème de superposition pour exprimer le courant I en fonction des a_i, R et $U_{ref.}$
3. Donner l'expression U_s en fonction des a_i et $U_{ref.}$
4. Pour U_{ref} = -12 V :
   a. calculer le quantum de ce convertisseur
   b. La résolution R
   c. Quel mot binaire faudra-t-il mettre en entrée pour avoir en sortie la tension la plus proche de 5V.

Exercice 2 :

Un CNA est codé sur 12 bits, en binaire, sous forme d'un nombre N.

Pour N = 0 on a en sortie U_S = 1 V et pour N = Nmax on a U_S = 5 V.

Donner les valeurs de $N_{(10)}$ pour les valeurs de ***Us*** suivantes :

1. $U_S \approx 1{,}5$ V ;

2. $U_S \approx 3{,}2$ V
3. $U_S \approx 4{,}5$ V.

Exercice 3 :

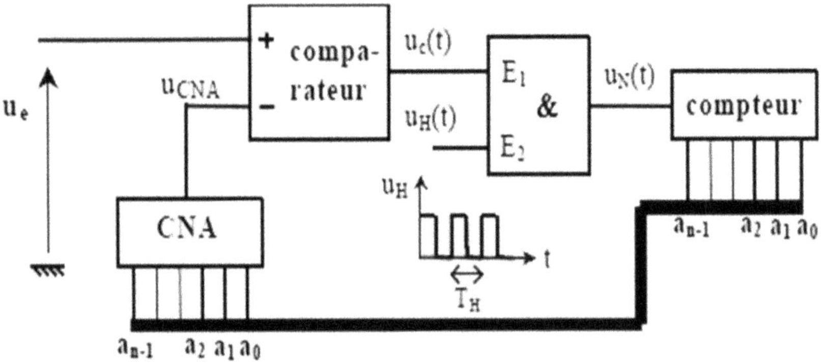

Le signal analogique $\mathbf{u_e(t)}$ est comparé au signal $\mathbf{u_{CNA}(t)}$ qui est l'image de **N** en sortie du compteur.

L'étendue de mesure du signal d'entrée est définie par **0 < ue < 10V**

1- Quelle est la résolution $\mathbf{q_0}$ du CNA ?

On donne : **n = 8 bits.**

2- Quelle est l'expression de u_{CNA} pour un nombre N ?
3- En déduire la valeur N_e affichée en fin de comptage pour $\mathbf{u_e = 8}$ **V**.
4- Calculer le temps de conversion pour convertir la tension $\mathbf{u_e = 5}$ **V**.
On donne : $\mathbf{f_H = 1}$ **Mhz**.
5- Quelle modification doit-on apporter au montage, pour obtenir une résolution
$\mathbf{q_1 \approx 1}$**mV** sans changer le CNA ?
6- Calculer le nombre de bits nécessaires pour conserver une étendue de mesure de **10 V**, sachant que $\mathbf{q_1 \approx 1}$**mV**

Exercice n° 4 :

1- En utilisant la documentation technique du circuit intégré AD7896 :

2- Déterminer la nature de circuit

3- Déterminer sa résolution

4- Déterminer le quantum

5- S'agit-il d'un CAN ou d'un CAN

Chapitre 3 : Les mémoires

- Prérequis :
  - ✓ **Électronique générale**
  - ✓ **Système logique**
- Objectifs :
  - ✓ **Connaitre les caractéristiques d'une mémoire**
  - ✓ **Étudier l'architecture interne d'une mémoire**
  - ✓ **Comprendre le principe de décodage d'adresse**

Introduction :

La somme d'informations que doit traiter tout système automatique nécessite l'utilisation de circuits ayant la capacité de conserver des données soit figées, soit volatiles. Ces circuits capables de recevoir et de restituer les informations portent le nom de **MÉMOIRE.**

1. Définitions et mode d'accès et paramètres caractéristiques :

1.1. Mémoire :

Unité Fonctionnelle qui peut recevoir, conserver et restituer des informations.

1.2. Cellule mémoire :

Plus petite subdivision d'une mémoire dans laquelle un élément d'information a été ou peut être introduit, dans laquelle il est ou peut être conservé et de laquelle il peut être extrait. Il existe différentes technologies de cellule qui caractérisent d'ailleurs la catégorie de mémoires associées.

1.3. Information volatile :

Information dont le contenu est perdu lorsque les tensions d'alimentation ne sont plus appliquées ou, dans le cas, d'une mémoire à fonctionnement dynamique lorsque les cellules mémoires ne sont pas rafraichies correctement.

Chaque mémoire contient un grand nombre de cellules élémentaires. Pour sélectionner une cellule particulière parmi les autres, on identifie chaque cellule par un numéro unique que l'on appelle **adresse** (comme une adresse postale). Cette adresse est elle-même codée en binaire et est notée $A_n, A_{n-1}, \dots \dots, A_0$.

Bien sûr, plus la mémoire a une capacité importante, plus n est grand. Attention, la taille de la cellule mémoire est totalement indépendante de celle de l'adresse. Pour spécifier complètement une mémoire, il est bien indispensable de donner les deux paramètres ; par exemple : 32k x 8 caractérise une mémoire contenant 32 768 cellules de 8 bits chacune.

Les cellules élémentaires mises à la suite forment un tableau (**espace mémoire**). Chaque ligne correspond à une adresse unique. Toutes les adresses transitent par les mêmes fils qui forment le **bus d'adresse.** Toutes les données écrites dans les cellules élémentaires transitent également par un réseau unique de fils appelé **bus de données en écriture**. Il existe symétriquement **le bus de données en lecture** qui est souvent commun avec le précédent, on parle alors de **bus de données bidirectionnel**.

Le sens de transfert est alors défini par le signal supplémentaire $R/\overline{W}$, et la validation par $\overline{CS}$ (**bus de contrôle**).

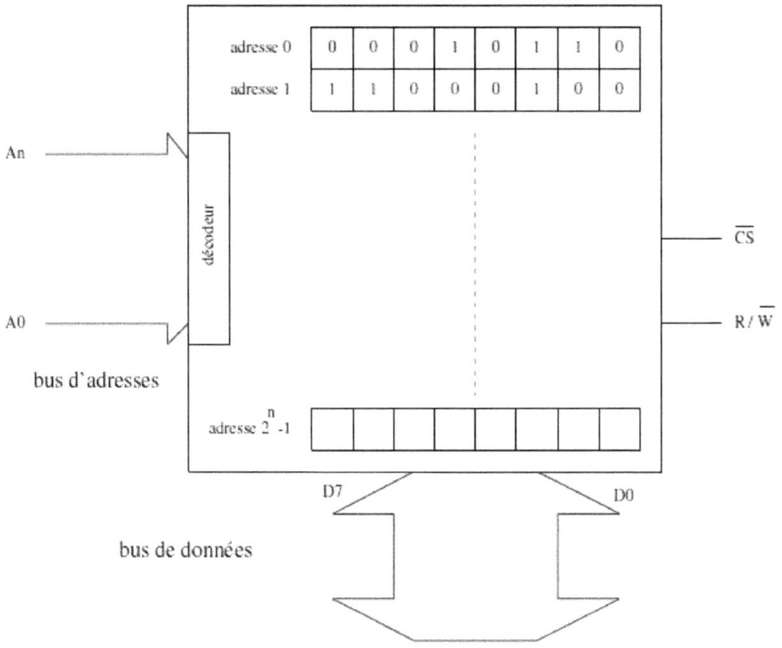

Figure 1 : mémoire et bus

2. Les différentes catégories de mémoires :

Les mémoires se divisent principalement en deux catégories :

- Les mémoires vives (RAM : Random Access Memory) à lecture et écriture possibles.
- Les mémoires mortes (ROM : Read Only Memory, PROM, EPROM, EEPROM) à lecture seulement.

Il existe plusieurs types de mémoires mortes :

- **ROM (Read Only Memory)** : L'écriture est faite, dans ces mémoires, de manière définitive par le fabricant ; l'utilisateur ne peut que lire son contenu.

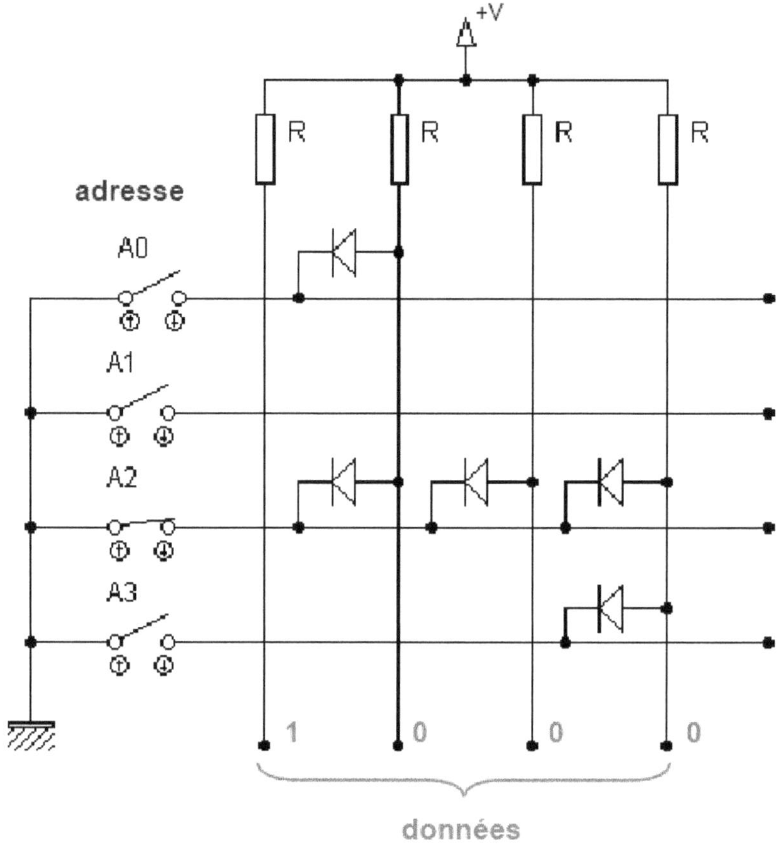

Figure 2 : Architecture interne d'une mémoire ROM

Cette mémoire est composée d'une matrice dont la programmation s'effectue en reliant les lignes aux colonnes par des diodes. L'adresse permet de sélectionner une ligne de la matrice et les données sont alors reçues sur les colonnes (le nombre de colonnes fixant la taille des mots mémoire).

- **PROM (Programmable Read Only Memory)** : l'utilisateur écrit le contenu de la mémoire à l'aide d'un programmateur de mémoires ; après cette opération, le contenu y est écrit définitivement et ne peut plus être modifié ; il ne peut qu'être lu. Les cellules élémentaires sont constituées de fusibles.

- **EPROM (Erasable Programmable Read Only Memory)** : le contenu de la mémoire peut être effacé à l'aide de rayons ultraviolets, ce qui permet une nouvelle programmation.
- **EEPROM (Electrically Erasable Programmable Read Only Memory)** : le contenu de la mémoire peut être effacé électriquement.

De même, il existe plusieurs types de mémoires vives :

- **SRAM (Static RAM)** : Chaque case d'une cellule élémentaire est composée physiquement de deux transistors en tête-bêche qui se contrôlent mutuellement. La cellule obtenue à deux états électriques stables et se comporte comme une bascule RS. Cet état est perdu à chaque coupure électrique.

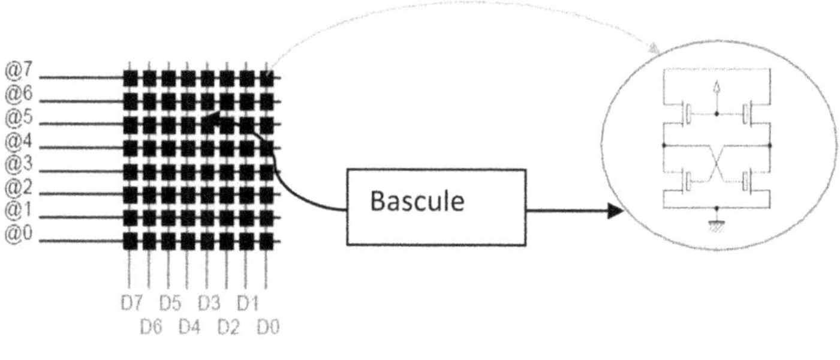

Figure 3 : Architecture interne d'une SRAM

- **DRAM (Dynamic RAM)** : Chaque cellule élémentaire contient un condensateur qui se charge ou non suivant la donnée à mémoriser. La DRAM commute plus rapidement que la SRAM. Par contre, les condensateurs des DRAM se déchargent tout seuls, ce qui nécessite un rafraichissement très fréquent de toutes les données pour ne pas les perdre : il s'agit de lire l'information et de la recharger. Ce rafraichissement indispensable a plusieurs conséquences :

- Il complique la gestion des mémoires dynamiques car il faut tenir compte des actions de rafraichissement qui sont prioritaires.
- La durée de ces actions augmente le temps d'accès aux informations.

D'autre part, la lecture d'une information est destructive. Elle se fait par décharge de la capacité du point mémoire lorsque celle-ci est chargée. Donc toute lecture doit être suivie par une réécriture.

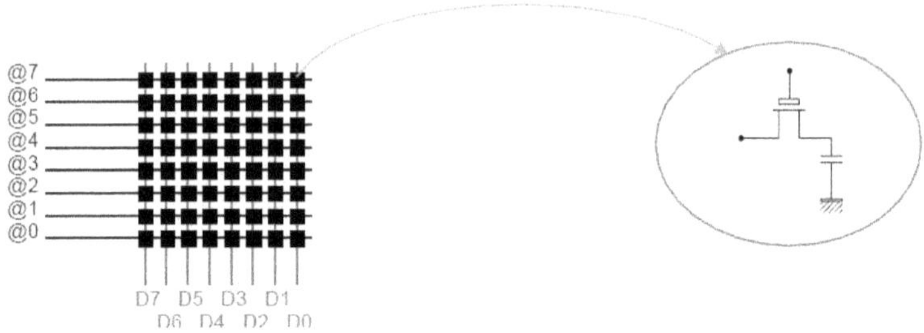

Figure 4 : Architecture interne d'une DRAM

3. Décodage d'adresses :

3.1. Système à une seule mémoire :

Chaque mémoire doit être capable d'atteindre n'importe quelle cellule élémentaire via son adresse. Pour cela, elle doit contenir la logique combinatoire nécessaire.

Si nous y regardons de plus près, ce système logique doit sélectionner une de ses sorties parmi **n** en fonction d'un nombre binaire en entrée. C'est exactement la définition du démultiplexeur **1 vers n.**

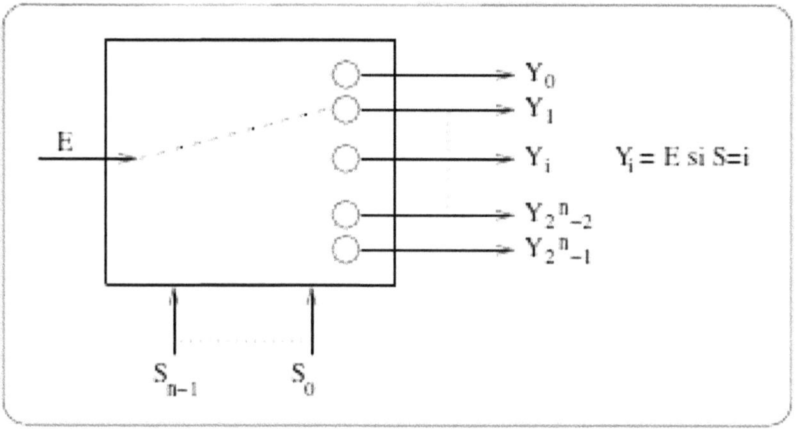

Figure 5 : Démux 1 vers n

L'entrée du DEMUX est reliée au signal d'activation global de la mémoire$\overline{CS}$. Chaque sortie sert d'horloge de validation pour la cellule sélectionnée. Bien sûr, n bits d'adresses nécessitent un démultiplexeur à 2^n sorties.

En pratique, les signaux d'activation sont souvent actifs niveau bas d'où leur nom $\overline{CS}$ pour $\overline{\text{Chip Select}}$.

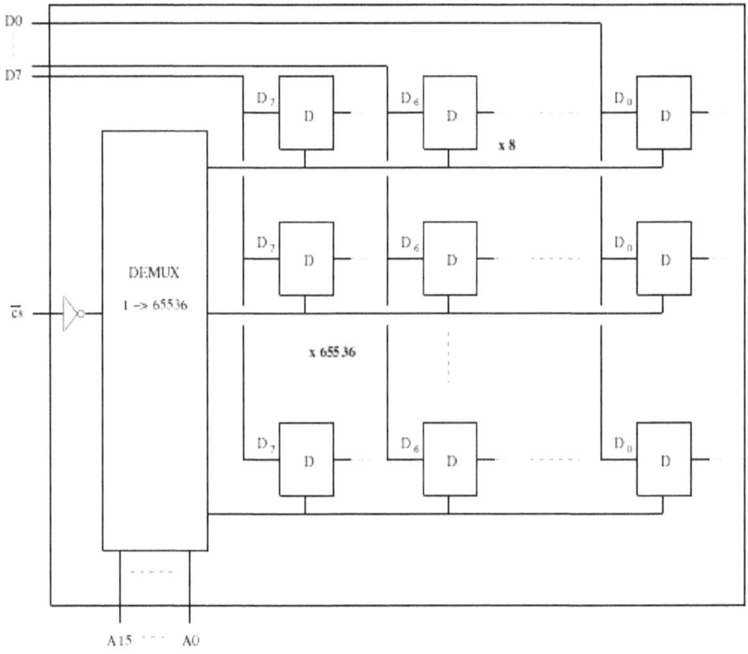

Figure 6 : Structure interne d'une mémoire 64k×8

3.2. Système à plusieurs mémoires, espace d'adressage :

Dans la réalité, un système à microprocesseurs possède toujours plusieurs mémoires séparées (au moins une RAM et une ROM). Cet ensemble est vu comme une mémoire unique globale par le microprocesseur et est appelé **espace d'adressage**.

Comme le bus de données est commun à toutes les mémoires, il est indispensable d'ajouter des composants logiques pour activer une mémoire *à la fois* en fonction de l'adresse qui nous intéresse. Cette tâche est classiquement dévolue à des démultiplexeurs spéciaux appelés **décodeurs** donc le rôle est d'activer le bon $\overline{CS}$.

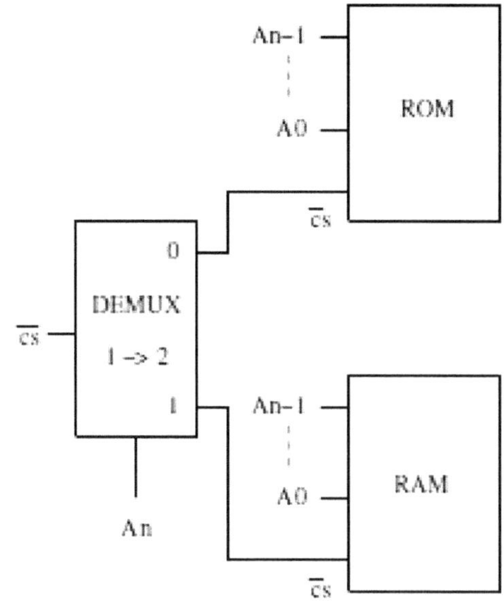

Figure 7 : Partitionnement de l'espace d'adressage

Classiquement, on utilise les lignes d'adresse hautes pour sélectionner un boitier mémoire plutôt qu'un autre et conserver ainsi la numérotation des lignes basses. Le nombre de lignes d'adresses qui attaque le démultiplexeur définit le nombre de plage mémoire différente. La première adresse de chaque plage est appelée **adresse de base**. Chaque plage a la même taille et couvre au minimum l'espace d'adressage de la mémoire locale.

L'exemple qui suit montre l'organisation d'un espace d'adressage 16 bits (64k). Les adresses sont exprimées en hexa (regroupement des adresses par 4) pour plus de concision.

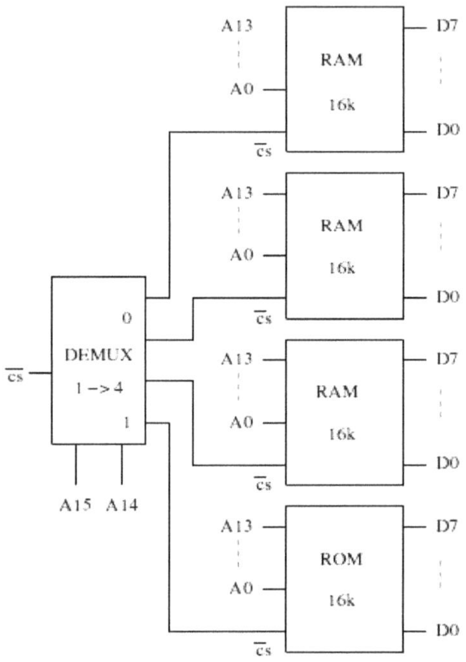

Figure 8 : Organisation d'un espace mémoire 64K

Plan mémoire associé :

	A_{15}	A_{14}	A_{13}	A_{12}	A_{11}	A_{10}	A_9	A_8	...	A_0	
RAM	0	0	0	0	0	0	0	0	...	0	$0000
1	⋮	⋮									
	0	0	1	1	1	1	1	1	...	1	$3FFF
RAM	0	1	0	0	0	0	0	0	...	0	$4000
2	⋮	⋮									
	0	1	1	1	1	1	1	1	...	1	$7FFF
RAM	1	0	0	0	0	0	0	0	...	0	$8000
3	⋮	⋮									
	1	0	1	1	1	1	1	1	...	1	$BFFF
	1	1	0	0	0	0	0	0	...	0	$C000
ROM	⋮	⋮									
	1	1	1	1	1	1	1	1	...	1	$FFFF

Les démultiplexeurs peuvent être cascadés. Les sorties peuvent être recombinées. Dans ce cas, il apparait des sous-plages de taille plus petite.

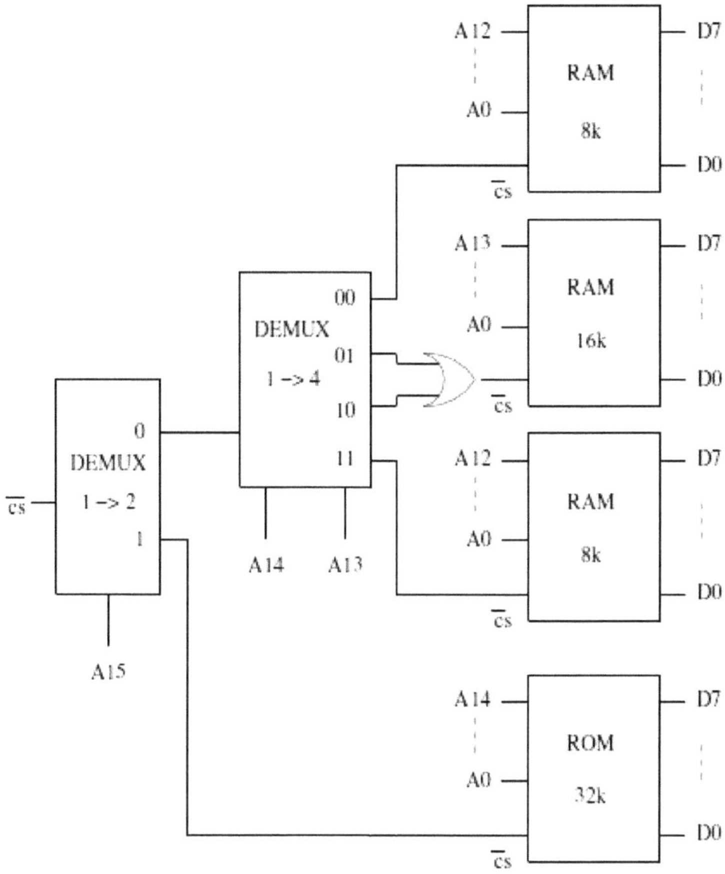

Figure 9 : Autre organisation d'un espace mémoire 64 K

Plan mémoire associé :

	A_{15}	A_{14}	A_{13}	A_{12}	A_{11}	A_{10}	A_9	A_8	...	A_0	
RAM	0	0	0	0	0	0	0	0	...	0	\$0000
1	⋮	⋮	⋮								
	0	0	0	1	1	1	1	1	...	1	\$1FFF
	0	0	1	0	0	0	0	0	...	0	\$2000
	⋮	⋮	⋮								
RAM	0	0	1	1	1	1	1	1	...	1	\$3FFF
2	0	1	0	0	0	0	0	0	...	0	\$4000
	⋮	⋮	⋮								
	0	1	0	1	1	1	1	1	...	1	\$5FFF
RAM	0	1	1	0	0	0	0	0	...	0	\$6000
3	⋮	⋮	⋮								
	0	1	1	1	1	1	1	1	...	1	\$7FFF
	1	0	0	0	0	0	0	0	...	0	\$8000
ROM	⋮										
	1	1	1	1	1	1	1	1	...	1	\$FFFF

Remarque 1 : Une plage peut être plus grande que la mémoire associée si celle-ci ne possède pas assez de bits d'adresses : dans ce cas, la mémoire voit plusieurs adresses différentes comme une seule et même adresse. On parle alors *d'adresse miroir.*

Application :

On utilise un circuit FM24CL64 dont on donne un extrait de la notice :

FM24CL64
64Kb Serial 3V FRAM Memory

RAMTRON

Features

64K bit Ferroelectric Nonvolatile RAM
- Organized as 8,192 x 8 bits
- Unlimited Read/Write Cycles
- 10 year Data Retention
- NoDelay™ Writes
- Advanced High-Reliability Ferroelectric Process

Fast Two-wire Serial Interface
- Up to 1 MHz maximum bus frequency
- Direct hardware replacement for EEPROM
- Supports legacy timing for 100 kHz & 400 kHz

Low Power Operation
- True 2.7V-3.6V Operation
- 75 µA Active Current (100 kHz)
- 1 µA Standby Current

Industry Standard Configuration
- Industrial Temperature -40° C to +85° C
- 8-pin SOIC

Pin Configuration

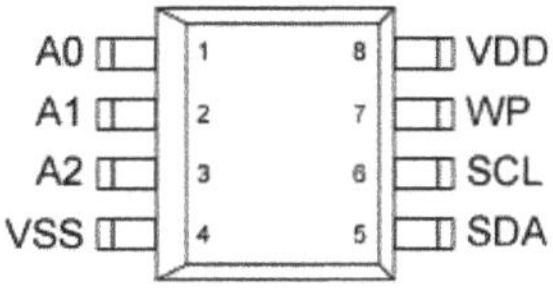

Pin Names	Function
A0-A2	Device Select Address
SDA	Serial Data/address
SCL	Serial Clock
WP	Write Protect
VSS	Ground
VDD	Supply Voltage

1. Donner sa capacité en Kbits, puis en octets.
2. Donner le rôle des broches : A0, A1, A2, SDA, SCL, WP.

<u>Correction :</u>

1. La notice du circuit indique que sa capacité est de 64 Kbits
2. A0, A1 et A2 : sélection du circuit ;
   - SDA : passage série des données et des adresses ;
   - SCL : entrée d'horloge de synchronisation ;
   - WP : protection en écriture.

Chapitre 4 :
Le microprocesseur

- Prérequis :
  - ✓ **Système logique**
- Objectifs :
  - ✓ **Connaitre les caractéristiques d'un microprocesseur**
  - ✓ **Savoir l'environnement minimal pour un microprocesseur**
  - ✓ **Savoir l'architecture interne d'un microprocesseur**
  - ✓ **Connaitre le principe d'exécution d'une instruction**

Définition :

Le microprocesseur, noté aussi M.P.U (Microprocessor unit) ou encore C.P.U (Central Processing Unit) est un circuit intégré complexe appartenant à la famille des VLSI (**V**ery **L**arge **S**cale **I**ntegration) capable d'effectuer séquentiellement et automatiquement des suites d'opérations élémentaires.

Remarque : Comme tout circuit intégré, la technologie de fabrication impose au microprocesseur des caractéristiques :

- De temps de réponse qui se traduit par une plus ou moins grande vitesse d'exécution des instructions du programme.
- De consommation.

Ce circuit remplit deux fonctions essentielles :

- Le traitement de données : on parle d'unité de traitement. Elle concerne la manipulation des données sous forme de transfert, opérations arithmétiques, opérations logiques…

- Le contrôle du système : cette fonction se traduit par des opérations de décodage et d'exécution des ordres exprimés sous forme d'instruction.

1. Environnement minimal :

Le microprocesseur ne peut fonctionner sans un environnement minimal comportant :

- Une zone de mémoire vive pour les données et les résultats.
- Une zone de mémoire morte pour le programme.

Entre ces différents ensembles, de liaisons fonctionnelles sont assurées par trois groupes de conducteurs en parallèle, ou bus ayant chacun une fonction spécifique :

- Un bus de données : (**Data bus**), bidirectionnel qui assure le transfert des informations entre le microprocesseur et son environnement, et inversement ; son nombre de lignes est égal à la capacité de traitement du microprocesseur.
- Un bus d'adresse : (**Adress bus**), unidirectionnel qui permet la sélection des informations à traiter dans un espace mémoire qui peut avoir $\mathbf{2^n}$ emplacements, avec n=nombre de conducteurs du bus d'adresses.
- Un bus de commande : (**Control bus**), constitué par quelques conducteurs qui assurent la synchronisation des flux d'informations sur des bus des données et des adresses.

Exemple : Pour l'environnement du 6809 : le bus des données communique avec le microprocesseur par l'intermédiaire de 8 broches bidirectionnelles (D_0 à D_7), d'où la possibilité de traiter des mots de huit bits. Le bus d'adresse avec sa liaison établie par seize broches unidirectionnelles (A_0 à A_{15}) permet de gérer 2^{16} emplacements mémoires soit 65 536 (= 64 Kilooctets = 64*1024 car 1 Ko = 2^{10} octets). Le bus de commande communique avec dix bornes (12 pour le microprocesseur **6809E** dont l'horloge est externe).

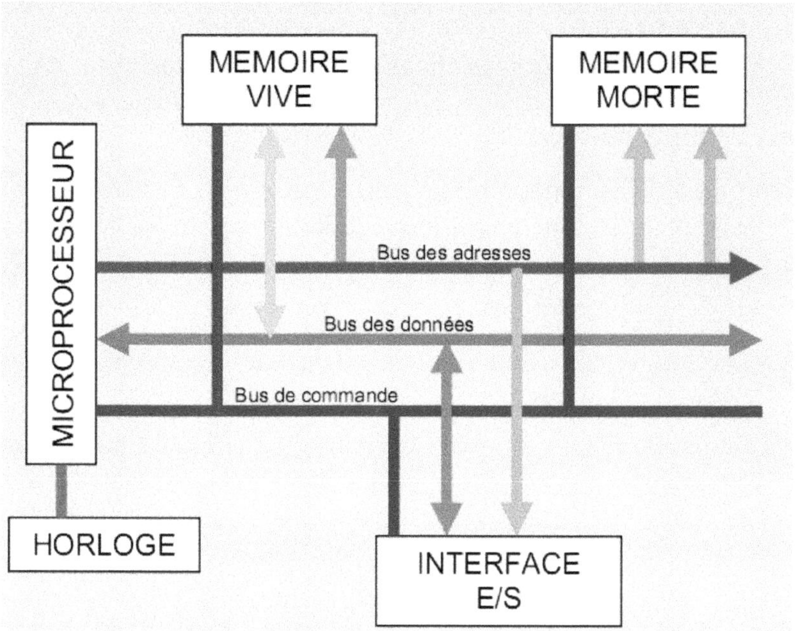

Figure 1 : Environnement minimal d'un microprocesseur

2. Architecture d'un microprocesseur :

2.1. Structure interne d'un microprocesseur :

Le microprocesseur est constitué principalement :

- D'une unité arithmétique et logique (**UAL : A**rithmetic and **L**ogic **U**nit).
- De registres.
- D'une unité de contrôle (**UC** : **C**ontrol **U**nit)

a. ***L'unité arithmétique et logique :*** elle permet d'effectuer des opérations arithmétiques et logiques. L'**UAL** possède un additionneur n bits et des fonctions logiques.

Exemple : 74LS181, UAL 4 bits.

Ce circuit réalise des fonctions logiques et arithmétiques sur A et B, avec le résultat dans F. L'opération est déterminée par M et par les entrées de sélection S_0, S_1, S_2 et S_3 :

- M = 1 ; 16 fonctions logiques.
- M = 0 ; 16 fonctions arithmétiques.

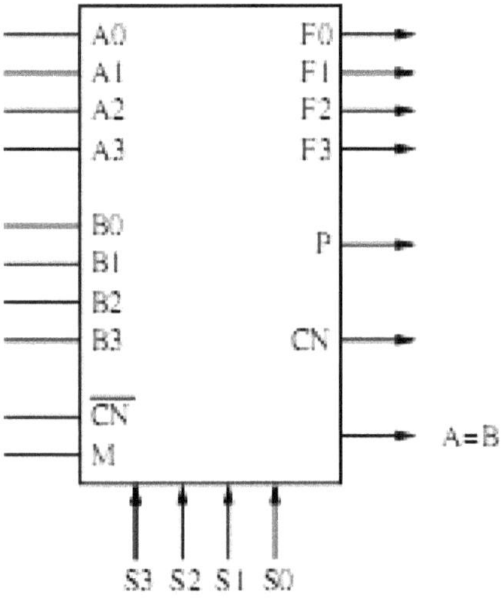

Figure 2 : Schéma d'un 74LS181

b. ***Unité de commande :*** Elle permet de séquencer le déroulement des instructions. En effet, elle effectue la recherche mémoire de l'instruction, le décodage, l'exécution de l'instruction suivante. Ainsi, l'unité de commande élabore tous les signaux de synchronisation internes ou externes (bus de commande) au microprocesseur.

c. ***Les registres :*** Lorsque le microprocesseur traite des données (lorsqu'il exécute des instructions), le processeur stocke temporairement les données dans de petites mémoires de 8, 16 ou 32Ko (qui ont l'avantage d'être très rapides) que l'on appelle **registres**. Suivant le type de processeur, le nombre de registres peut varier entre une dizaine et plusieurs centaines. Les registres les plus importants sont :

- **Le registre accumulateur** : il permet de stocker les opérations arithmétiques et logiques.
- **Le registre tampon** : il permet de stocker temporairement une donnée provenant de la mémoire.
- **Le registre d'état (PSW, P**rocessor **St**atus **W**ord**)** : il permet de stocker les indicateurs sur l'état de système (retenue, dépassement, etc.)
- **Le registre d'instruction (RI)** : il contient l'instruction en cours de traitement.
- **Le compteur ordinal (PC : P**rogram **C**ounter**)** : il contient l'adresse de la prochaine instruction à traiter.

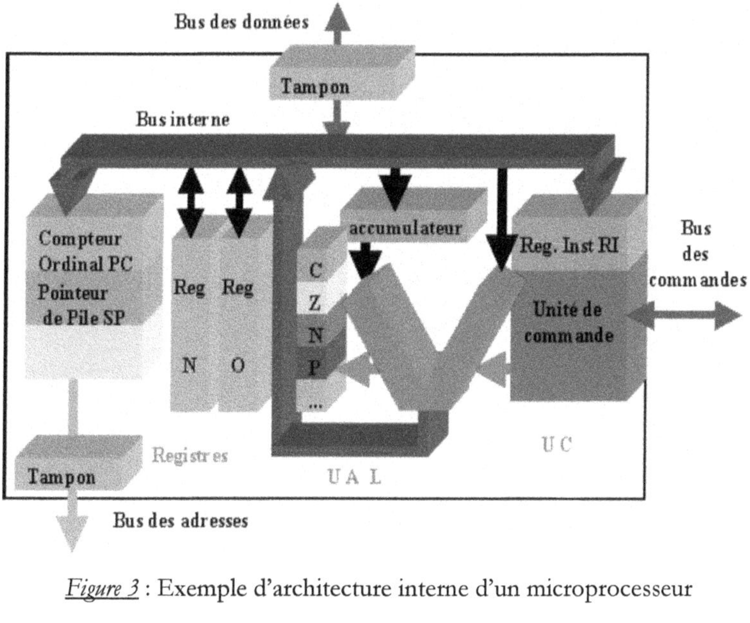

Figure 3 : Exemple d'architecture interne d'un microprocesseur

2.2. Description matérielle d'un microprocesseur :

Un microprocesseur se présente sous la forme un circuit intégré muni d'un nombre généralement important de broches. Exemples :

- Intel 8 085, 8 086, Zilog Z80 : 40 broches.
- Motorola 6 800 : 64 broches.
- Intel 80 386 : 196 broches.

On peut représenter un microprocesseur par le schéma fonctionnel suivant :

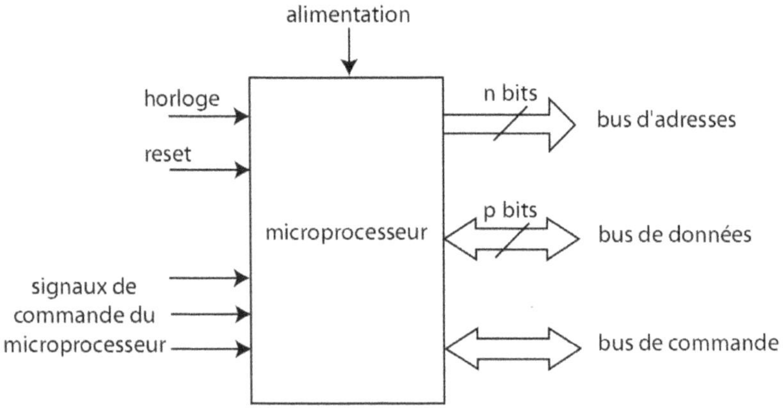

Figure 4 : Schéma fonctionnel d'un microprocesseur

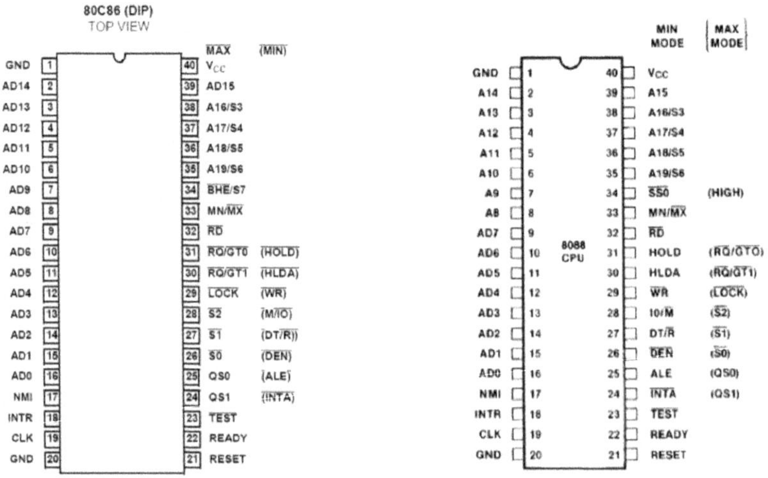

Figure 5 : Brochage de µP 8086 /8088

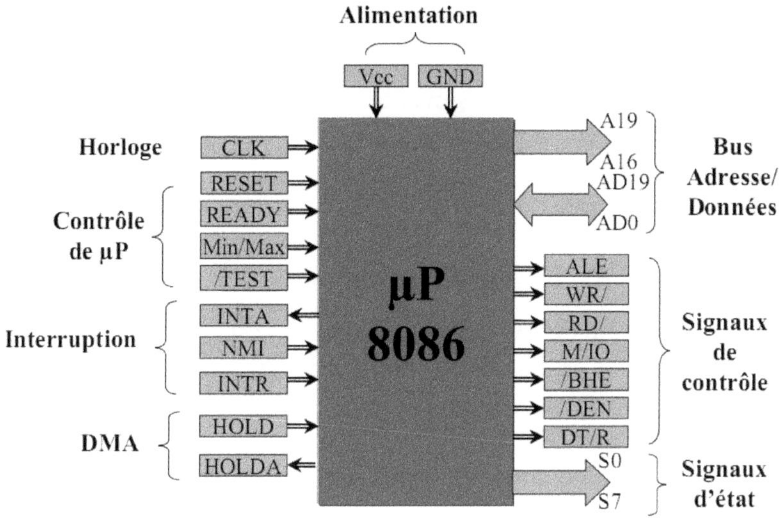

Figure 6 : Entrées/Sorties de µP 8086

3. Fonctionnement d'un microprocesseur :

3.1. L'instruction :

Un microprocesseur exécute un programme. Le programme est une suite d'instructions stockées dans la mémoire. Une instruction peut être codée sur un ou plusieurs octets.

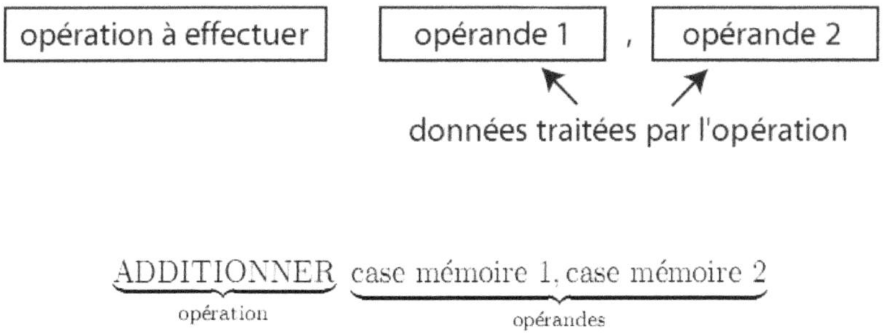

Figure 7 : format d'une instruction

3.2. Exécution d'une instruction :

L'exécution d'une instruction par un microprocesseur se déroule selon les trois étapes suivantes :

- Recherche d'instruction.
- Décodage.
- Exécution.

a- Recherche d'instruction :

i. Le contenu de **PC** (compteur ordinal) est placé sur le bus des adresses (c'est l'unité de commande qui établit la connexion).
ii. L'unité de commande émet un ordre de lecture (READ = RD = 1).
iii. Au bout d'un certain temps (temps d'accès à la mémoire), le contenu de la case mémoire sélectionné est disponible sur le bus des données.
iv. L'unité de commande charge la donnée dans le registre d'instruction pour décodage.

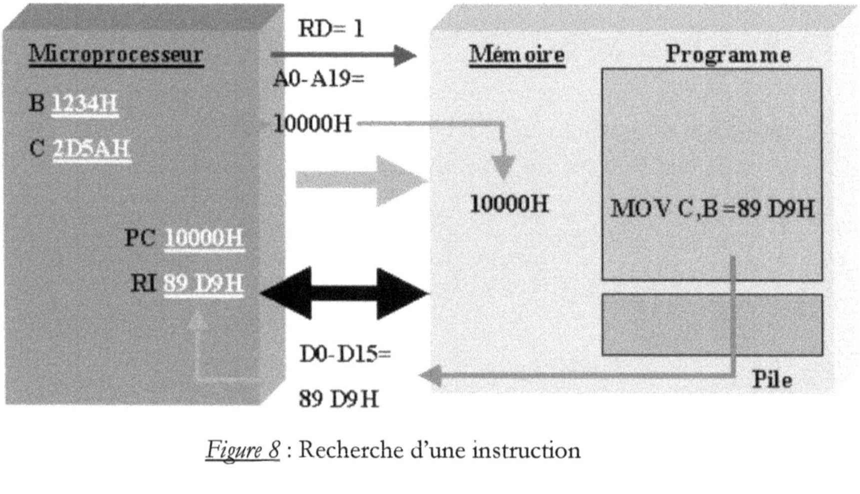

Figure 8 : Recherche d'une instruction

Le microprocesseur place le contenu de PC (1 000 H) sur le bus d'adresses et met RD à 1 (cycle de lecture). La mémoire met sur le bus de données le contenu de sa mémoire numéro 1 000 H (ici 89D9H qui est le code de MOV C, B). Le microprocesseur place dans son registre d'instruction le contenu du bus de données (89D9H).

b. Le décodage :

Le registre d'instruction contient maintenant le premier mot de l'instruction qui peut être codée sur plusieurs mots. Ce premier mot contient le code opératoire qui définit la nature de l'opération à effectuer (addition, soustraction, rotation…) et le nombre de mots de l'instruction. L'unité de commande (de contrôle) décode le code opératoire et peut alors exécuter l'instruction.

c. L'exécution : elle se déroule comme suit :

i. Le micro-programme réalisant l'instruction est exécuté.
ii. Les indicateurs sont positionnés (registres d'état).
iii. L'unité de commande positionne le compteur ordinal (PC) pour l'instruction suivante.

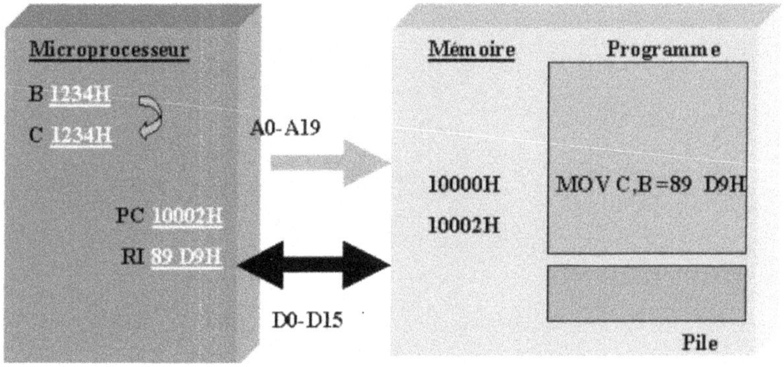

Figure 9 : Exécution d'une instruction

4. Les concepts du CISC et de RISC :

4.1. Définition :

CISC : Complex Instruction Set Compter (Processeur à jeu d'instruction complexe). Le processeur dispose d'un grand nombre d'instructions différentes.

RISC : Reduced Instruction Set Compter (Processeur à jeu d'instruction réduit). Le processeur ne dispose que d'un petit nombre d'instructions différentes.

4.2. Architecture RISC :

L'instruction est directement traduite en ordres par l'unité de contrôle (commande) qui est câblée. Ceci ne pose aucun problème puisqu'il n'y a pas beaucoup d'instructions.

Conséquences :

- Une instruction s'exécute en un seul cycle d'horloge.
- Peu d'espace sur le semi-conducteur, donc un processeur facile à réaliser.
- Instructions pauvres en puissances.

Exemples : Motorola, Power PC…

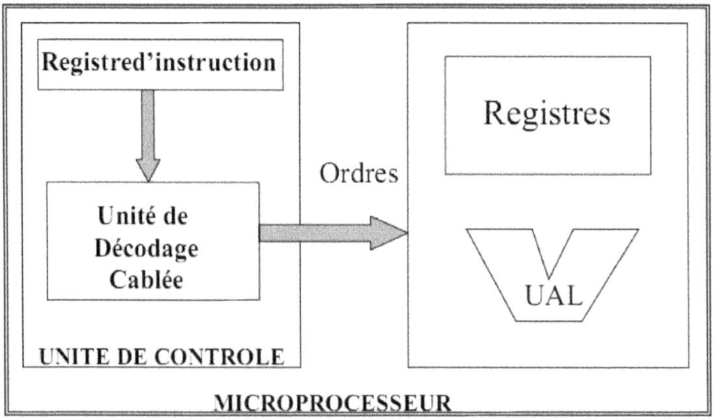

Figure 10 : Architecture RISC

4.3. Architecture CISC :

L'instruction est traduite en un micro-programme qui est contenu dans une MICRO-ROM, qui contient des micro-codes (ou micro-instruction) en les exécutant dans une micro-unité, les résultats aboutissent à des ordres.

Conséquences :

- Une instruction s'exécute en plusieurs cycles d'horloge.
- Le micro-code occupe de l'espace dans le silicium, donc un processeur difficile à réaliser.
- Le nombre d'instructions peut être élevé (un millier) et de grande puissance d'exécution.

Exemple : La famille Intel.

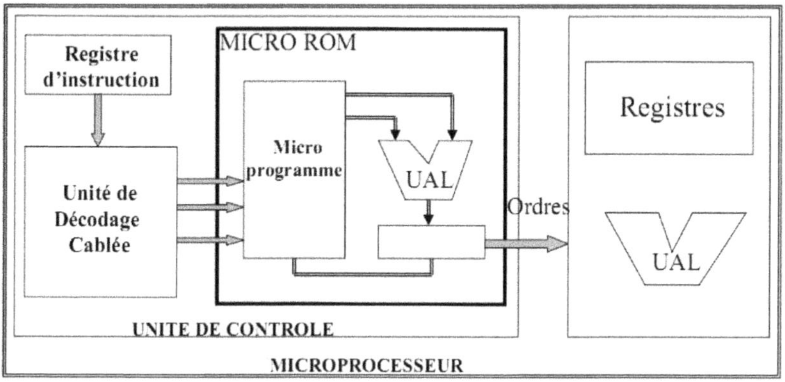

Figure 11 : Architecture CISC

4.4. Comparaison :

Le choix dépendra des applications visées. En effet, si on diminue le nombre d'instructions, on crée des instructions complexes (CISC) qui nécessitent de cycles pour être décodées et si on diminue le nombre de cycles par instruction, on crée des instructions simples (RISC) mais on augmente alors le nombre d'instructions nécessaires pour réaliser le même traitement.

Architecture RISC	Architecture CISC
• Instructions simples ne prenant qu'un seul cycle. • Instructions au format fixe. • Décodeur simple (câblé). • Beaucoup de registres. • Seules les instructions LOAD et STORE ont accès à la mémoire. • Compilateur complexe.	• Instructions complexes prenant plusieurs cycles. • Instruction au format variable. • Décodeur complexe. • Peu de registres. • Toutes les instructions sont susceptibles d'accéder à la mémoire. • Compilateur simple

Exercices **Questions de cours :**

1. Quelle est la différence entre les mémoires ROM et les mémoires PROM ?
2. Quel est l'élément de stockage de base d'une mémoire SRAM ?
3. Quelle est la différence entre les mémoires SRAM et les mémoires DRAM ?
4. Quel est le rôle du compteur ordinal dans un microprocesseur ?
5. Représenter une architecture simplifiée interne d'un microprocesseur ?

Exercice 1 :

Soit une mémoire RAM de 4 Kilo*4 représenté par le schéma suivant :

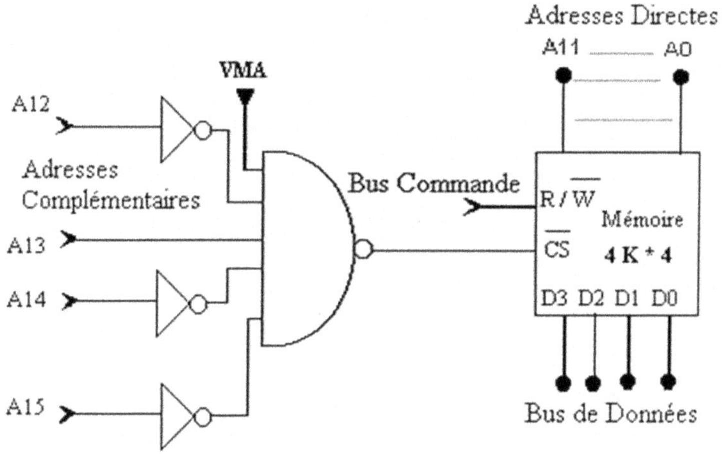

1. Quel est le rôle des broches $R/\overline{W}$ et $\overline{CS}$ sur un circuit mémoire ?
2. De combien de bits est constituée la donnée stockée dans cette mémoire ?
3. De quelle capacité est cette mémoire (en **K bits** puis en **K octets**) ?

4. Comment sélectionne-t-on l'adresse d'une donnée ?
5. Quel doit être l'état du signal **VMA** (Valid Memory Access) et l'état des lignes $\mathbf{A_{12}}$ à $\mathbf{A_{15}}$ pour sélectionner cette mémoire ?
6. Donner la plage d'adresse (en Hexadécimal) utilisée par cette mémoire ?

Exercice 2 :

1 Schéma.

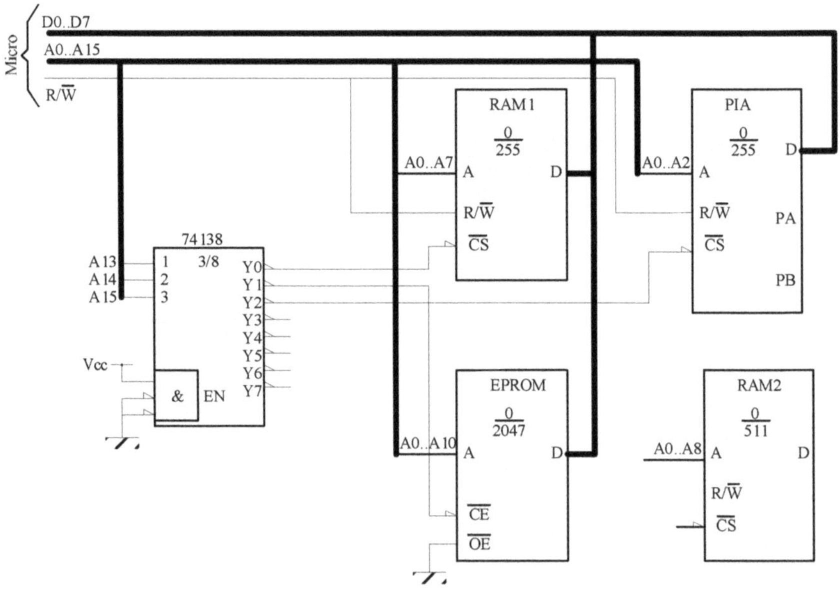

2 Bus.

2.1 Donner le nombre de bits du BUS d'adresses :

2.2 Donner le nombre de bits du BUS de données :

2.3 En déduire la capacité mémoire adressable par le µP :

3 Mémoire et périphérique.

3.1 Donner l'organisation et la capacité mémoire de la RAM1 :

3.2 Donner l'organisation et la capacité mémoire de l'EPROM :

3.3 Donner le nombre d'adresses physiques du PIA :

4 Décodeur des adresses.

4.1 Quelles sont les adresses qui permettront le décodage de la sélection des boitiers.

4.2 En déduire le nombre de zones constituant la capacité mémoire.

4.3 En déduire la taille d'une zone.

5 Remplir le tableau du décodage d'adresses.

Zone Prog : – C'est la zone mémoire qui est égale à la capacité du boitier.

– On utilise les adresses basses : bits non utilisés à 0 ; bits reliés au boitier de 0 à 1.

– Les adresses de cette zone seront les adresses utilisées par le programmeur.

Zone Totale : – C'est la zone mémoire totale occupée par le boitier dans le plan mémoire (Adresse logique).

– Bits non utilisés et Bits reliés au boitier de 0 à 1.

– Cette zone permet de définir l'occupation mémoire (mapping mémoire).

					Héxa	
Circuit	A15……..A12	A11………A8	A7………..A4	A3………..A0	Zone Prog	Zone Totale
RAM1						
EPROM						
PIA	0 1 0 x	x x x x	x x x x	x 0 0 0	$ 4000	$ 4000
	0 1 0 0	0 0 0 0	0 0 0 0	0 1 1 1	$ 4007	
	0 1 0 1	1 1 1 1	1 1 1 1	1 1 1 1		$ 5FFF

Bits utilisés pour sélectionner le boîtier.

Bits qui ne sont pas utilisés.

Bits reliés au boîtier

Exercice 4 :

On considère un microprocesseur avec un bus de données de 8 bits (D_0-D_7) et un bus d'adresse de 20 bits (A_0-A_{19}).

1. Quelle est la dimension exprimée en kilooctets et en Mégaoctets de l'espace d'adressage de ce microprocesseur.
2. À quelle adresse hexadécimale se termine son espace d'adressage ?
3. On désire que l'espace d'adressage du microprocesseur soit composé de :
   - ✓ une zone **RAM** de 128 kilooctets implémentée à partir de l'adresse de début zéro.
   - ✓ Une zone **ROM** de 64 kilooctets de mémoire ROM implémentée à la fin de l'espace mémoire de microprocesseur.

On dispose de circuits intégrés mémoire **RAM** de capacité **32 kilooctets**. Ce circuit intégré mémoire possède :

- ✓ Un bus de données bidirectionnel d'une largeur de 8 bits.

- ✓ Un bus d'adresse.
- ✓ Un signal de sélection $\overline{CS}$.
- ✓ Un signal de lecture-écriture $R/\overline{W}$.

On dispose des circuits mémoire ROM de capacité 8 kilooctets possède une structure équivalente avec accès en lecture seulement.

a. Combien de fils d'adresse dispose chaque circuit intégré mémoire (**RAM** et **ROM**) ?

b. Combien faut-il de circuits intégrés mémoire **RAM** pour remplir la zone RAM indiquée ?

c. Combien faut-il de circuits intégrés mémoire **ROM** pour remplir la zone ROM indiquée ?

4. On rappelle qu'un circuit décodeur 3/8 à trois entrées (e_1, e_2, e_3) et 8 sorties actives à l'état bas ($\bar{S}_0, \bar{S}_1, \bar{S}_2, \bar{S}_3, \bar{S}_4, \bar{S}_5, \bar{S}_6, \bar{S}_7$), on fait correspondre à chaque combinaison des entrées (e_1, e_2, e_3) une seule sortie active avec toutes les autres inactives. Un décodeur 2/4 selon le même principe mais avec deux entrées et 4 sorties.

a. Trouver le schéma électronique qui réalise le décodage des circuits mémoires **RAM** ?

b. Trouver le schéma électronique qui réalise le décodage des circuits mémoires **ROM** ?

c. Trouver le schéma électronique général du système à microprocesseur avec les circuits mémoires ?

Bibliographie

[1] *Génie électrique*, Christophe François, ELLIPSES, 2004.

[2] *Électronique numérique en 26 fiches*, Jacques Bouquet, Pierre Mayé, DUNOD, 2010.

[3] *Introduction aux circuits intégrés numériques*, Ahmed Riadh Baba-Ali, ELLIPSES, 2007.

[4] *Électronique 2 – Électronique numérique Fonctionnement et modélisation des composants, fabrication des circuits*, Alain Deville, Danielle Deville, ELLIPSES, 2005.

[5] *Systèmes numériques Concepts et applications*, Thomas L. Floyd, REYNALD GOULET, 2000.

Table des matières

Vous avez aimé ce livre ?
Flashez ce code, donnez votre avis et
Partagez sur https://www.babelio.com/

Lightning Source France
1 Av. Johannes Gutenberg
78310 Maurepas, France
FRHW011210310325
43036FR00002B/16

9 782342 373011